I edizione: aprile 2013

Arcana è un marchio di Lit Edizioni
Sede operativa: Via Isonzo 34, 00198 Roma

www.arcanaedizioni.com

IVANO REBUSTINI

ANTONELLO VENDITTI
CIAO UOMO

Quarant'anni oltre il sipario

arcana

Indice

A Margherita e Gheorghi

Sullo scoglio di buona speranza

Guardi lontano oltre quel buio
c'è una cometa che viene dall'est
meglio seguirla senza troppa ragione
il suo bagliore ci guiderà

All'improvviso c'è una luce che mi squarcia il cuore
sento una mano che mi prende senza alcun timore
ed una voce che mi parla in una lingua nuova
«Qui sei al sicuro… vai»

Una quarantina d'anni divide le due strofe di *Ciao uomo* (da THEORIUS CAMPUS, 1972) e *Oltre il confine* (da UNICA, 2011), ma chi le avesse lette di seguito come se facessero parte della stessa canzone, avrebbe commesso solamente un errore da matita rossa, oppure si sarebbe al massimo macchiato di un peccato veniale. Senza contare – ad altrui discolpa – che proprio questo è lo scopo del "truffaldino" accostamento: accompagnare il lettore nel luogo in cui risiede il minimo comun denominatore della poetica di Antonio Venditti, detto Antonello. E questo luogo non vuole esistere solo nell'immaginazione di chi scrive e di chi legge, ma lo troviamo anche sul mappamondo: è il Capo di Buona Speranza che Venditti – prendendosi, tutt'al più, qualche licenza geografica – canta nella title track dell'album CHE FANTASTICA STORIA È LA VITA del 2007 ("Sono la quarta di tremila persone / su questo scoglio di buona speranza").

È la speranza di chi vuole sperare nonostante tutto, "marcita all'ombra di un cortile", quasi a prenderla in prestito da Fabrizio De André (in *Jodi e la scimmietta* da ULLÀLLA, 1976), o cercata senza cedimenti come in *Sotto la pioggia*, dal disco omonimo pubblicato nel 1982:

Sotto la pioggia batte forte il cuore
ma la pioggia non ci bagna
e due ragazzi con il loro amore
stan cercando una speranza
[...] Sotto la pioggia batte forte il cuore
ma la pioggia non ci bagna
i due ragazzi stanno già guardando il sole
e la sera è la speranza

È la speranza *pubblica* del brano che dà il titolo a PRENDILO TU QUESTO FRUTTO AMARO, del 1995 ("La speranza non muore / questo mondo lo so cambierà"); è la speranza *privata* di *A che gioco giochi*, dallo stesso disco: "Il lampo rosso acceso dei tuoi occhi / con la speranza chiara dentro me". E le due speranze in qualche modo si fondono nella speranza *movimentista* di *Fianco a fianco* (da GOODBYE NOVECENTO, 1999):

Noi correvamo tutti fianco a fianco
e insieme a noi correva il vento
con l'ultima speranza di movimento
prima che cadesse il buio dentro
[...] Noi correvamo tutti fianco a fianco
e insieme a noi correva il vento

con l'ultima speranza di movimento
prima che cadesse il vuoto dentro
Noi correvamo tutti fianco a fianco
e insieme a noi correva il tempo
con l'ultima illusione di movimento
prima che cadesse il buio dentro per noi

È senza perdere il *fil rouge* della speranza – si tratti di seguirlo come una scia di briciole oppure di scioglierne i nodi almeno in apparenza inestricabili – che voglio raccontare il viaggio di Antonello sino a farlo diventare il "nostro viaggio". Un viaggio che non sarà lungo tanto da durare quei "cinque miliardi di miliardi di anni", ma neanche così breve come potrebbe esserlo quel "bagliore": quarant'anni di parole e musica davanti, dietro e "oltre il sipario".

1. La discesa in Campus

Aprile 1973-aprile 2013, quarant'anni di parole e musica. Una vita nella vita, possiamo dire, nel corso della quale Antonello Venditti ha pubblicato a suo nome diciassette album di inediti, sei dal vivo, quindici raccolte e il disco in studio con la Bulgarian Simphony Orchestra ANTONELLO NEL PAESE DELLE MERAVIGLIE, che contiene undici rifacimenti di brani famosi e una canzone inedita. Senza dimenticare, per la gioia dei completisti, la ventina di 45 giri, che a onor del vero sarebbero diciannove, compresi i tre usciti sul mercato estero, due in Spagna e uno in Germania, ma quando c'è di mezzo il collezionismo mai dire l'ultima parola, pardon, l'ultimo numero.

Come forse nessuno ignora, però, parlando e scrivendo di Venditti – oltre a un paio di live collettivi interessanti come documenti, ma non molto di più – c'è un album dal quale non si può prescindere. Intitolato THEORIUS CAMPUS (anche se in Cd e nelle fiere dell'usato in vinile se ne può trovare una versione con la stessa tracklist, ribattezzata per motivi spudoratamente commerciali ROMA CAPOCCIA), il disco pubblicato dalla It di Vincenzo Micocci (proprio quello che Alberto Fortis avrebbe in seguito minacciato di ammazzare nell'invettiva in musica *Milano e Vincenzo*) può essere considerato l'esordio discografico di Antonello, pur se in coabitazione con l'amico-nemico-nuovamente-amico-e-poi-chissà Francesco De Gregori: come vedremo, una specie di subaffitto reciproco.

Corre o scorre l'anno di grazia musicale 1972, che entro dicembre regalerà agli appassionati della canzone d'autore di casa nostra capolavori o comunque album variamente memorabili quali UMANAMENTE UOMO: IL SOGNO e IL MIO CANTO LIBERO di Lucio Battisti, DIALOGO TRA UN IMPEGNATO E UN NON SO di Giorgio Gaber e RADICI di Francesco Guccini, ASPETTANDO GODOT di Claudio Lolli, ARIA di Alan Sorrenti, VOLO MAGICO N. 1 di Claudio Rocchi e MU dell'allora Richard Cocciante, FETUS e POLLUTION di Franco Battiato, ORFEO 9 di Tito Schipa Jr e – perché no? – QUESTO PICCOLO GRANDE AMORE di Claudio Baglioni.

È una sorta di – ehm – piccola grande enciclopedia dei cantautori italiani, nella quale (salvo qualche eccezione che lascio a voi indovinare,

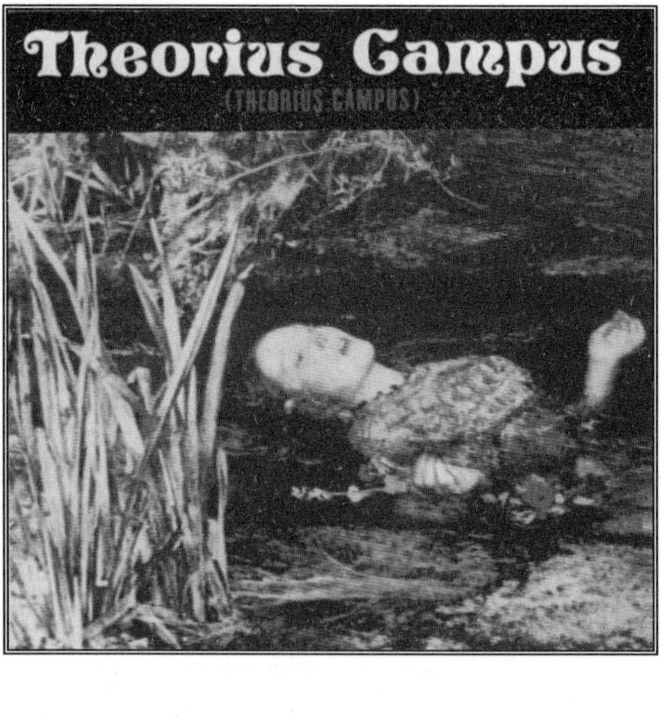

è un modo per rendere questo libro a suo modo interattivo...) sono rappresentati tutti gli stili e tutti gli artisti di una Nazionale azzurra della musica pop, nel senso buono di *popular music* che attribuiva all'espressione il mio collega, se permette, ma soprattutto il mio sia pur inconsapevole maestro Riccardo Bertoncelli.

Ebbene, di questo 1972 artisticamente così fruttifero, THEORIUS CAMPUS non è certo il frutto più acerbo, anche se Antonello e Francesco hanno rispettivamente soltanto ventitré e ventun anni. Ed è proprio Venditti a fare la parte del leone: su dodici canzoni, otto ne scrive (quattro da solo, un paio con De Gregori e altrettante con Edmondo Giuliani, il titolare dell'omonimo complesso specializzato in canzoni romanesche) e otto ne canta, sei in perfetta solitudine e due insieme al compagno di esordio. «Io cantavo peggio, Venditti era il cantante», ricorda De Gregori nel libro di Michelangelo Romano e Paolo Giaccio *Francesco De Gregori: un mito*. «È innegabile che lo fosse dal loro punto di vista; poi aveva dei pezzi più belli, più ascoltabili, mente io allora facevo delle ballate su due accordi». E la "parte del leone" di Antonello non sfugge agli addetti ai lavori: come racconta Enrico Deregibus nel volume *Francesco De Gregori. Quello che non so, lo so cantare*:

> Su THEORIUS CAMPUS sono uscite alcune recensioni, e c'è chi lo descrive come "l'album del cantautore Antonello Venditti e del suo chitarrista De Gregori" (figuratevi lui [*De Gregori, N.d.A.*] come la prende). Del resto la It è su Venditti che punta. Micocci: «Beh, mi ero reso conto che Venditti era più maturo, ma non era una scelta artistica, era una scelta concreta; in quel momento Francesco non aveva un pezzo particolare da promuovere, quel primo disco bisognava tenerlo come tappeto per cose successive. Quando ha fatto pezzi come *Alice* è partita la promozione anche per lui, ma in quel momento Antonello era avanti». Tant'è che per Venditti viene organizzata anche una presentazione a Milano, al Teatrino dietro Galleria del Corso. Scalzato e scazzato, De Gregori ci va e dalla rabbia si infila in un palco e spacca tutte le lampadine: «Era chiaro che la It, che si era subito accorta del potenziale di vendita di Antonello, voleva mandare

avanti lui e io rappresentavo un po' una palla al piede, perché c'era questo disco fatto insieme e non sapevano bene come scaricarmi. Poi mi scaricarono in una maniera molto semplice, fecero fare un disco a Venditti e a me no».

Era L'ORSO BRUNO, che comunque avrebbe contenuto ancora un pezzo scritto in coppia dal duo di THEORIUS CAMPUS: *L'ingresso della fabbrica*.

E allora torniamoci, a THEORIUS CAMPUS: per quanto riguarda il nome "Venditti ha più volte parlato di Alexis Theorius Campus, un personaggio di fantasia, un signore con la barba che suona l'organo verso il cielo", scrive ancora Deregibus. "De Gregori invece ha spiegato di averlo inventato lui, quel nome, aggiungendo che non aveva alcun senso". Nessun dubbio invece sulla copertina: la coppia di "amici cantautori" non si mostra, in quanto Micocci ha scelto come immagine una riproduzione, per la verità un po' smunta, dell'*Ofelia* dipinta da John Everett Millais nel 1851, che sarà tramandata alla versione su

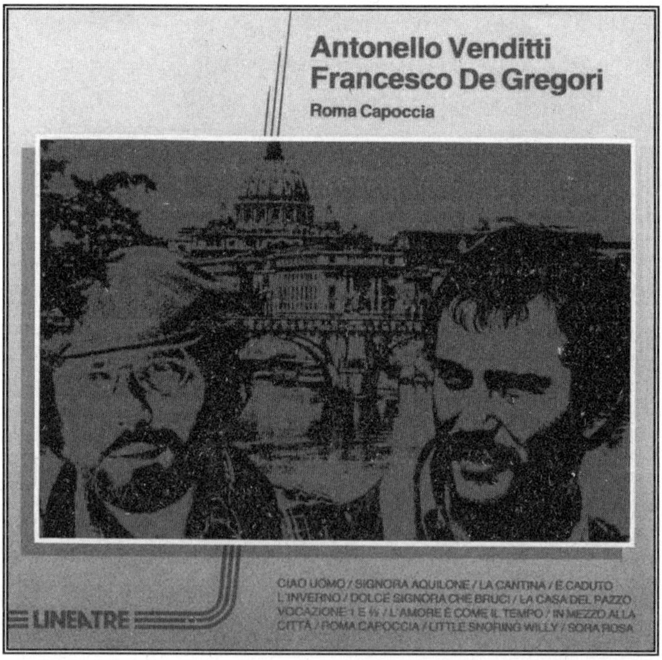

Cd. E, sempre a proposito di grafica, sono assolutamente dimenticabili le varie copertine del già citato ROMA CAPOCCIA: quella dell'edizione del 1974 per la collana Lineatre, di colore rosso, è un fotomontaggio delle fotografie dei Nostri – cresciutelli anzichenò – su una classica veduta della Capitale; sempre rosse, ma addirittura senza immagini, le altre due (una, con il titolo a caratteri cubitali, ha accompagnato l'uscita per la Rca International, mentre l'altra è stata distribuita dal Club italiano dei lettori).

Ai fortunati possessori della prima edizione di THEORIUS CAMPUS a 33 giri arride però la possibilità di vedere i giovani Venditti e De Gregori immortalati sulle etichette del padellone: senza barba e con un ciuffo vezzoso Francesco, che sul lato B sfoggia oltretutto un paio di occhiali fumé anni Settanta che più anni Settanta non si può; con fronte già utilmente spaziosa e barba di ordinanza Antonello, il quale invece ancora non ostenta i celebri Ray-Ban con le lenti affumicate e

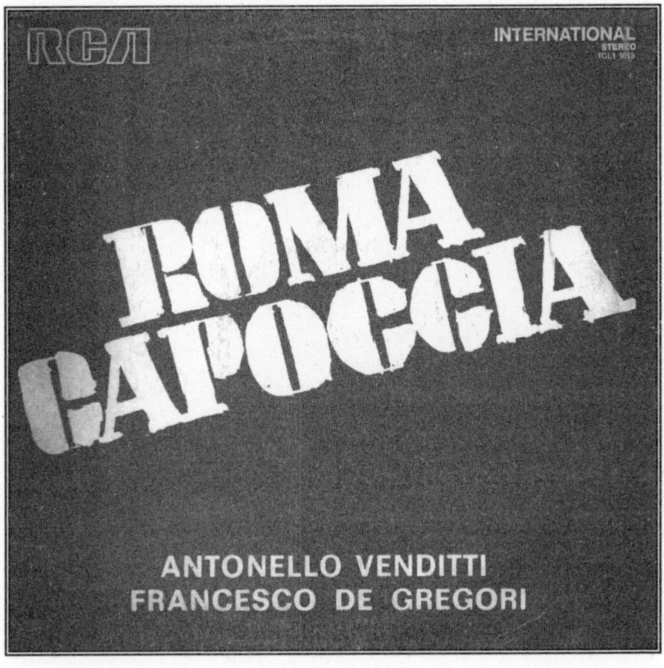

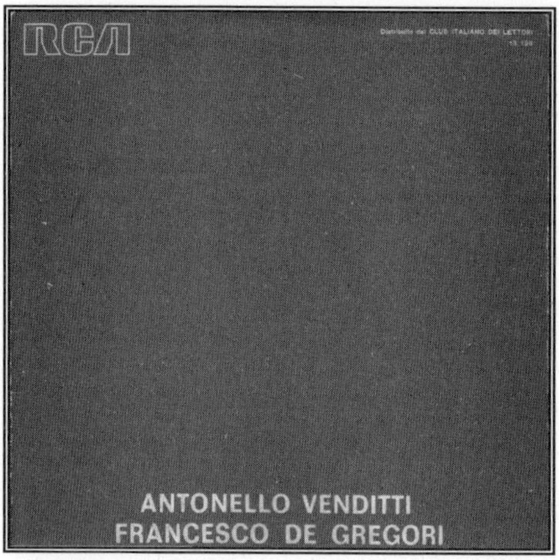

il ponte parasudore, al posto dei quali inforca una più sobria montatura da vista.

Adesso concediamoci un viaggio nel passato remoto, anzi, remotissimo. È il 1947, due anni prima della nascita di Venditti, quando – interpretato dal solito, impeccabile, James Stewart – esce negli Stati Uniti un film intitolato *Magic Town*, nel quale la "città magica" del titolo trasforma un oscuro esperto di marketing in un Istituto Piepoli dei giorni nostri. Merito del suo fiuto, ma soprattutto della cittadina, un'America in sedicesimo nella quale il risultato di qualsivoglia sondaggio finisce sempre col rispecchiare fedelmente i dati dell'intero Paese. Dice: ma cosa c'entra la città magica con il THEORIUS CAMPUS? C'entra, c'entra: come Grandview sta agli USA nella pellicola diretta da William A. Wellman, così il disco dell'improvvisato e mai più riproposto duo sta all'opera omnia di Venditti, nel senso che ne anticipa tematiche e poetica, tic e linguaggio. Un "ritratto dell'artista da cucciolo", per dirla con il poeta gallese Dylan Thomas, proprio

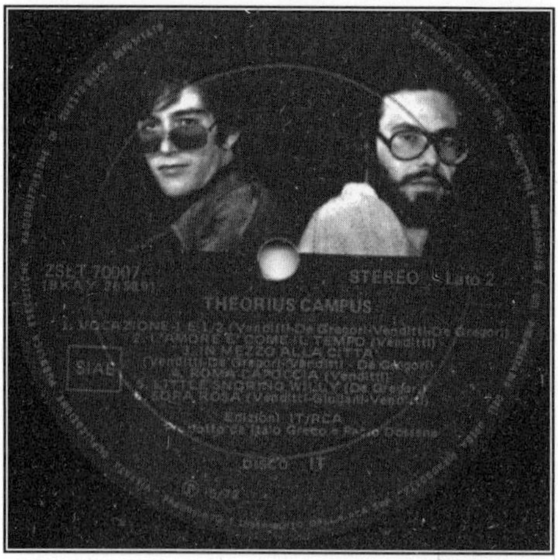

quello da cui prese il cognome d'arte un certo Robert (Bob) Allen Zimmerman, peraltro transitato nel 1963 (ma c'è chi dice nel '62, e chissà che non si tratti della solita leggenda metropolitana...) da quel Folkstudio dove Venditti avrebbe mosso musicalmente i primi passi qualche anno più tardi. Ed è un ritratto nel quale Antonello posa le prime solide e stabili pietre della sua "letterarietà": l'amore per Roma (in attesa di esprimere artisticamente anche quello per "la" Roma) e i suoi personaggi; l'impegno civile che più tardi sarà distratto e però mai spento dal cosiddetto "riflusso"; l'amicizia e l'amore, visti qui nel passaggio dall'adolescenza all'età adulta.

Se questi saranno i temi trattati nei prossimi capitoli, in una lettura trasversale e tutto men che cronologica dell'opera di Venditti, ripercorriamo invece adesso traccia per traccia la "prova generale" di THEORIUS CAMPUS. Un vezzo *vintage*, se vogliamo, quasi si trattasse di riesumare una recensione d'epoca, ma anche un pretesto per dare ad Antonello quel che è di Antonello, senza dover forzatamente togliere a Francesco quel che è di Francesco. Sì, perché la presenza nel disco di una delle canzoni più celebri di Venditti ha non solo comportato il successivo e poco rispettoso (nei confronti di De Gregori) cambio di titolo, ma anche – e il Web ne è almeno in questo caso testimone più che attendibile – un rimescolamento delle tracce, con lo scopo non dichiarato e però manifesto di rendere più vendittiano un disco che trova in realtà la sua ragione di vita soprattutto nell'essere frutto e figlio di due menti, due cuori, due voci, una chitarra e un pianoforte.

Ed eccolo il pianoforte, un piano "remoto" sotto una voce effettata che nelle strofe ricorda il celeberrimo *double delay* di John Lennon: è la prima canzone, *Ciao uomo*, che si ripulisce e normalizza nel maestoso ritornello, i cui versi – "Ciao uomo dove vai / balli nel cuore del nostro universo / ma alla fine della tua storia / piangi d'angoscia dentro di te" – definiscono con poche e dense pennellate la meraviglia e la tragedia della condizione umana, quasi si trattasse di un'eco da studente del liceo classico Giulio Cesare della folgorante *Ed è subito sera* scritta dal premio Nobel per la letteratura Salvatore Quasimodo.

Dopo *Signora Aquilone* di Francesco, che un po' anticipa la ben più ri-conosciuta *La donna cannone* – "Legato ai suoi fianchi / con un filo d'argento / un vecchio aquilone / la portava nel vento" a fronte di "Così la donna cannone / quell'enorme mistero volò / tutta sola verso un cielo nero nero s'incamminò" – tocca di nuovo ad Antonello con *La cantina.* A qualcuno verrà spontaneo pensarlo, ma il teatro off non c'entra o per una sera è stato sloggiato, dal momento che nella cantina della canzone ci sono "tanta gente" e "tanto fumo", un giradischi e persone che ballano (ma sì, è il Folkstudio...), anche se "com'è lontana la gente che ballava / com'è lontana la cantina / com'è lontana la gente che fumava". E dopo che qualcuno ha spento quel giradischi, nella cantina "ci hanno chiuso dentro", canta Venditti con la sua voce già adulta e piena, accompagnandosi al piano come – a distanza – gli aveva insegnato Elton John. Ma niente più labbra che cercano e si cercano, niente più respiri soffocati dal piacere di quei "nostri corpi uniti": per dirla con il Venditti del 1978 di SOTTO IL SEGNO DEI PESCI, il cantautore che da cucciolo è diventato adulto, "tutto quello che voglio / è solamente amore".

Nessuna alternanza, il disco prosegue ancora con Antonello: il testo di *È caduto l'inverno* è breve e si ripete due volte, ma si tratta di uno stratagemma e non certo di una necessità, perché le stesse parole nel secondo giro sono cantate con maggiore trasporto e intensità, mentre il brano guadagna pathos anche musicalmente, fino a concludersi con una strizzatina d'occhio al prog sinfonico di band come i Genesis o – per restare in Italia – la Premiata Forneria Marconi, il tutto coronato dal bell'assolo del flauto di Maurizio Gianmarco. Dalla musica alle parole, parafrasando il titolo del primo singolo pubblicato l'anno prima dalla futura Pfm, si potrebbe osservare che quelle di Venditti sono "impressioni di dicembre", con l'inverno che cade invece della neve, i cui "grappoli" hanno sostituito o forse semplicemente ricoperto quelli dell'uva appassita sui rami. Ma i cuori sono al caldo: "È una voce che ti chiama / che chiama solo te / è una mano che si tende / tu ami ancora me".

A questo punto, in ossequio a quella che oggi potremmo definire *par condicio*, è la volta di un doppio De Gregori, con *Dolce signora che bruci* e *La casa del pazzo*. La prima è una breve canzone country già in odore di *Rimmel*, l'altra – dalla durata quasi doppia e non così consueta per un cantautore, poco meno di cinque minuti – è stata scritta con Giorgio Lo Cascio e presenta qualche punto di contatto con un brano che troveremo nell'esordio in proprio di ALICE NON LO SA: qui la casa è del pazzo, là ci abita Hilde; qui vicino "c'è il molo dei contrabbandieri", là il doganiere con il fucile che se ne va desolato, dopo aver inutilmente frugato nelle tasche del padre di Francesco, anzi, di quello del coautore Edoardo De Angelis, al quale una storia simile a quella raccontata nel testo era accaduta da bambino (per gli smemorati e i curiosi, attenzione allo *spoiler*, i diamanti erano nella cetra che Hilde suonava nel buio).

Chi può, ora metta sul piatto dello stereo il lato B: il settimo dei dodici brani, *Vocazione 1 e ½*, è anche il primo dei due scritti in coppia da Venditti e De Gregori, durante il viaggio in Ungheria al quale Francesco aveva invitato l'amico dopo la rinuncia di Lo Cascio («Con De Gregori [...] avevamo fatto pipì sui resti dei carri armati sovietici», avrebbe ricordato Antonello al giornalista del «Corriere della Sera» Aldo Cazzullo, il 27 marzo 2005). A cantare la canzone è però il solo Francesco, mentre Antonello si limita a fare i cori insieme ai quattro membri dei Godfather. È una scelta che la dice lunga sull'attribuzione della quota maggioritaria di questa canzone, che non sfigurerebbe – per "l'agnello che oggi morirà" del ritornello, ma non solo – nel cosiddetto "Album della pecora" di De Gregori, il suo secondo disco, nel quale oltretutto ricompare Venditti nella veste di tastierista. Tornando ai Godfather, si tratta della band, anzi – come si diceva allora – del complesso ingaggiato dal produttore Italo "Lilli" Greco per accompagnare i due cantautori insieme al già citato Lo Cascio (chitarra a dodici corde) e a Gianmarco: Dave Sumner e Douglas "Dougie" Meakin, entrambi chitarristi, Mick Brill, bassista, e il batterista Derek Wilson. Come è ben spiegato nella scheda dedicata a *Roma capoccia* dal sito Internet www.hitparadeitalia.it, Greco aveva deciso di "sperimentare per questo disco un suono diverso da quello minimalista in voga all'epoca tra gli artisti cosiddetti 'impegnati'. [...] Allo Studio 38 di Roma, con un modesto 4 piste, si tenta di ottenere un effetto orchestrale 'alla Phil Spector'. La prima versione è ancora più ricca di quella definitiva, ma sia Venditti che De Gregori, temendo di veder snaturate le proprie creature, optano per un mixaggio più austero".

Riprendiamo a percorrere le tracce del disco. Dopo la canzone a due voci, ecco di nuovo Antonello sul palco in solitudine per *L'amore è come il tempo*, l'ultimo brano "in lingua" prima delle due canzoni in romanesco, che sono – insieme a *Ciao uomo* – le punte di diamante dell'album, quelle che più di tutte mettono in mostra un marchio di fabbrica bisognoso solo di essere perfezionato e reso ancora più personale. È un pezzo sull'amore, non tanto la "canzone d'amore" a cui a un primo ascolto si potrebbe pensare: un amore che può durare nonostante il tempo ("i tuoi capelli li ho riconosciuti / ma cambieranno"), l'Amore con la A maiuscola al quale ci si approccia con filosofia, "immagine di me" o forse "inganno un po' perverso del silenzio".

La doppia coppia (a entrambi sono attribuiti sia il testo, sia la musica) ritorna per *In mezzo alla città*, l'altro pezzo "ungherese": Venditti e De Gregori questa volta cantano a due voci, in qualche caso indipendenti l'una dall'altra al punto da evocare in presto zittiti commentatori il sospetto che la fonte d'ispirazione fosse stata *Pensieri e parole* di Lucio Battisti. In realtà Francesco, anche in questo caso azionista di maggioranza, ammetterà di essersi ispirato a un collega, anzi due, gli americani Paul Simon e Art Garfunkel, e a un altro personaggio famoso del mondo dello spettacolo: il cantautore e scrittore canadese Leonard Cohen, i cui dischi arrivano dopo una vestaglia e i vini di Creta, utilizzati come pennellate di vita vissuta (e un altro elemento reale che più reale non si può, in quella che sembra quasi la sceneggiatura di un videoclip, è la "Standa già chiusa"). «Fu un tentativo mio e di Venditti di fare una canzone commerciale con un testo adeguatamente stronzo, e penso che sia la più brutta canzone che abbiamo mai scritto, una cosa molto sputtanante, infatti piaceva abbastanza ai discografici, allora», ricorda De Gregori nel già citato libro di Deregibus.

Ed eccoli, per finire, i due pezzi da novanta, riferimento non voluto e che però inesorabilmente rimanda al Venditti adolescente sovrappeso (i chili erano tuttavia novantaquattro) che li aveva composti. Nella scaletta storica dell'album sono inframmezzati da *Little Snoring Willy*, una canzoncina in inglese scritta e cantata da Francesco, che musicalmente ricorda quasi uno scherzo beatlesiano alla Paul McCartney, punteggiata com'è dai coretti dei quattro musicisti inglesi che già si erano dati da fare in *Vocazione 1 e ½*. Quanto al testo, il più ingenuo degli ascoltatori lo potrebbe definire una filastrocca senza troppo senso, che in una giostra di diminutivi disegna a tinte pastello il tenero ritratto del "piccolo Willy che russa"; dando invece credito a una lettura più smaliziata – che tanto per cominciare attribuisce a "Willy" il significato di "pisello" (non l'ortaggio) – avremmo invece a che fare con un turbinio di doppi sensi, che raggiungerebbe il culmine nei versi "*Perhaps at your woman there's a rose to rise / Right between her lips you find a new surprise*", con la rosa e le labbra in conclamata crisi d'identità, come se Cyrano de Bergerac avesse deciso di scrivere non più lettere d'amore appassionate eppur morigerate, ma romanzetti porno-soft.

Dall'inglese al romanesco:

Quanto sei bella Roma quann'è sera
quando la luna se specchia dentro ar fontanone
e le coppiette se ne vanno via
quanto sei bella Roma quando piove

Quanto sei bella Roma quann'è er tramonto
quando l'arancia rosseggia ancora sui sette colli
e le finestre so' tanti occhi
che te sembrano di': quanto sei bella!
Ah, quanto sei bella

Non ci sono e non ci possono essere dubbi sul fatto che *Roma capoccia* sia una canzone d'amore, una vera e propria dichiarazione dell'amante (Venditti) all'amata (la Capitale). Ma quando c'è amore – Catullo *docet* – è difficile che non gli si accompagni l'odio: così, Roma è "capoccia" pure "der monno infame".

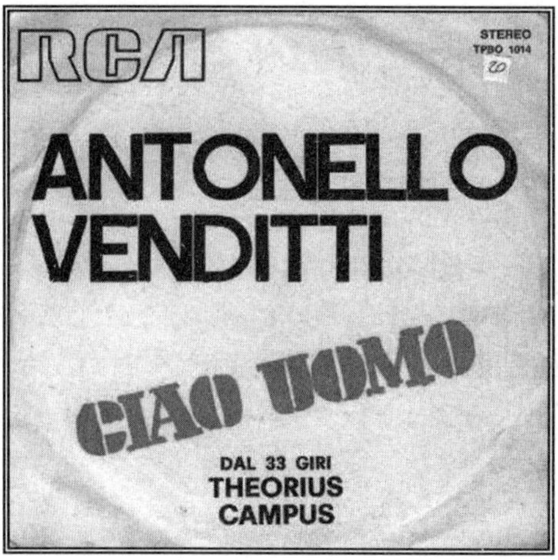

Uscita a 45 giri come retro di *Ciao uomo*, *Roma capoccia* ribalta ben presto le gerarchie, grazie anche a *Supersonic*, sottotitolo "Dischi a Mach-2", il programma di Tullio Grazzini in onda sul secondo canale di Radio Rai, che la diffonde – come si direbbe oggi – in *heavy rotation*; la canzone non diventa un hit, ma il solito www.hitparadeitalia.it, stilando la Top 100 dei singoli 1972, la accredita di un non disprezzabile 73esimo posto (dopotutto abbiamo a che fare con uno sconosciuto che canta in romanesco), con la posizione numero 17 quale miglior piazzamento.

Cinque anni più tardi, sarà il film di Umberto Lenzi *La banda del gobbo*, con Tomas Milian nel doppio ruolo dei gemelli Vincenzo Marazzi detto "Il Gobbo" e Sergio Marazzi detto "Er Monnezza", a omaggiare sia *Roma capoccia*, cantata dai due con il sottofondo della radio, sia *Sora Rosa*, addirittura citata in un monologo. Nel poliziesco, o forse meglio poliziottesco, all'italiana, l'efferato criminale che ha cambiato il lato della gobba da un film (*Roma a mano armata*) all'altro, addirittura resuscitando nel sequel (cose che possono capitare anche nelle miglior pellicole), è un fan di Antonello: «Un compositore che nun se batte», così parla di Venditti in uno dei dialoghi, opera di

Milian in persona. Ancora, il Gobbo cita alcuni versi di *Sora Rosa* in uno dei farneticanti ragionamenti con i quali era solito accompagnare le sue imprese (è la scena della rapina nel locale Lo Scarabocchio, e la citazione arriva "a corredo di un lungo discorso sui ricchi e sul capitalismo", come ricorda il blog *Il mio vizio è una stanza chiusa* di John Trent). Nelle immagini finali, invece, il Gobbo corre in automobile verso il suo destino, ascoltando e canticchiando da un'autoradio particolarmente vintage *Roma capoccia*, diffusa dalla stessa stazione radiofonica sulla quale è sintonizzata la radiolina, anzi, la radiolona del gemello Er Monnezza.

'Na carrozzella va co' du' stranieri
un rubbivecchi te chiede 'n po' de stracci
li passeracci so' usignoli
io ce so' nato, Roma, io t'ho scoperta, stamattina

Versi migliori non avrebbe potuto regalarci il Venditti di *Roma capoccia* per introdurre l'ultima traccia di THEORIUS CAMPUS. *Sora Rosa* è un brano emblematico della produzione e della poetica vendittiana, e anche in assoluto la prima canzone di Antonello (è stata scritta – seguita a ruota da *Lontana è Milano* e dalla stessa *Roma capoccia* – alla verdissima età di quattordici anni) e la prima canzone di Antonello ad essere stata incisa: nell'aprile del 1972, quando mancava un mese all'uscita in THEORIUS CAMPUS, un altro duo di cantautori, quello formato da Edoardo (De Angelis) e Stelio (Gicca Palli), l'aveva inserita nell'album IL PAESE DOVE NASCONO I LIMONI.

Il testo della cover di Edoardo e Stelio, che affrontano la canzone con un certo qual piglio da stornellatori, differisce in qualche punto da quello tramandatoci da THEORIUS CAMPUS: differenze forse non sostanziali, ma che testimoniano la cura con la quale Antonello Venditti ha messo mano alle parole di *Sora Rosa* (scritta, come *Ciao uomo*, insieme a Giuliani) prima di licenziarne la versione definitiva. Così, "chi nun vo' vive' se nun ci ha soldi in mano" di De Angelis-Gicca

Palli diventa "che nun ha mai preso 'na farce 'n mano" con Venditti; e se "c'avemo forza e voja più de tutti" invece di "c'avemo forza e voja più che mai" è un ritocchino senza troppe pretese, non si può negare che da "pure se a noi nun ce pensa più nessuno" a "anche se semo du' ossa de prosciutti" e soprattutto la sostituzione di "che forse un giorno chi magna troppo adesso possa paga' la rabbia che ci ho dentro" con "forse un giorno chi magna troppo adesso possa sputa' le ossa che so' sante" arricchiscono il testo di rabbia e poesia. Una poesia che pervade la disperata invettiva nella quale, rivolgendosi a Sora Rosa, Antonello sembra rivolgersi direttamente all'anima più popolare della sua città, lanciando un atto d'accusa senza possibilità di scampo a "questa gente che te sputa n'faccia / che nun ha mai preso 'na farce 'n mano / che se distingue pe' 'na cravatta". E non è solo Roma, bensì l'Italia intera nel disincantato mirino di Venditti, "paese marcio che cià li bbuchi ar posto der cervello / che vò magna' sull'ossa de chi soffre / che pensa solo ar posto che pò perde".

Si capisce che se ne vorrebbe andare, il giovane Venditti, senza necessariamente buttarsi "ar fiume" come minaccia di fare – aggiungendo un che di sinistro al verbo "andare" – l'alter ego della sua canzone. Ma, fortunatamente per lui e anche per noi, Antonello resisterà, se fuggirà tornerà, e infine resterà, mantenendo fede alla vecchia promessa: "No nun te lasso mai, Roma capoccia der monno infame".

2. Romano de(lla) Roma

Roma è tutto, è l'amore, il trasporto, l'aggregazione. Ci sono le canzoni di Antonello Venditti che la racchiudono, la descrivono benissimo. Non ci si conosce ma ci si ritrova allo stadio e si è tutti uniti, si ama una fede, si ama una bandiera, al di là dei presidenti, degli allenatori, dei giocatori. Sono pronti lì ad aiutare, a soffrire, a gioire. E per tutto questo credo che Roma sia magica.
[Claudio Ranieri, prima giocatore e poi allenatore della Roma, intervistato da Stefano Romita del «Romanista», 16 ottobre 2010]

Accomunato con uno dei personaggi clou del suo imitatore per eccellenza Corrado Guzzanti dall'amore per la Roma (molti ricorderanno che cosa "secerne" il laziale secondo lo studente Lorenzo, anche se il comico dichiarò a Maria Volpe del «Corriere della Sera» l'8 gennaio 1999: «Tutti pensano che io sia davvero un tifoso accanito della Roma e così i laziali mi lasciano minacce di morte. Pensare che io non capisco niente di calcio...»), Antonello Venditti ha iniziato a occuparsi "professionalmente" della squadra capitolina a ventotto anni. In verità, la Magica aveva fatto capolino già in un verso di *Dove* (dall'ORSO BRUNO, 1973): "La Roma ha perso domenica, e chi se ne frega", anche se il verso riportato sulla copertina recita "La Roma ha perso domenica (mancava Spadoni)", riferito a Valerio Spadoni, un talentuoso ma poco fortunato attaccante mancino che giocò in maglia giallorossa dal '72 al '76. Ma dal momento che Antonello ha registrato l'altra versione, per dirla con lui, "e chi se ne frega".

È la fine del 1974 quando il cantautore romanista, cioè, romano, dà alle stampe un 45 giri che sul lato A presenta *Roma (non si discute si ama)*, ben presto ribattezzata a furor di popolo giallorosso *Roma Roma*, e sul retro un pastiche intitolato *Derby*, che mixa cori, suoni e rumori registrati durante una partita della Roma allo stadio Olimpico con un brano eseguito dalla Pyrol's Band e firmato con lo pseudonimo Sergepy da Giampiero Scalamogna, produttore del singolo con l'altro suo nome d'arte, Gepy&Gepy.

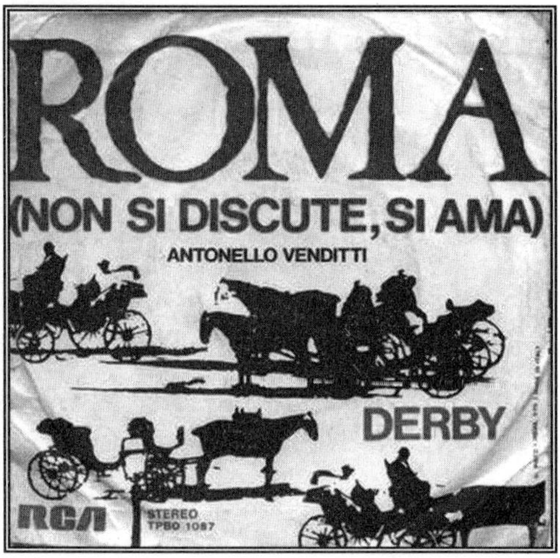

Roma Roma, che vedeva ai cori i giocatori della squadra allenata da Nils Liedholm e i membri del gruppo Schola Cantorum (nel quale militava una vecchia conoscenza di Antonello, il cantautore Edoardo De Angelis), è passata alla storia come una canzone di Venditti; in realtà il pezzo è firmato da un trio di autori: con Antonello avevano collaborato il celebre paroliere Sergio Bardotti e, per la musica, il già citato Gepy&Gepy, che avrebbe conosciuto il successo più o meno in quegli stessi anni, da solo nella veste di Barry White "de noantri" o in un'improbabile quanto apprezzato duetto con Ornella Vanoni nell'ammiccante *Più*.

Come ricorda con dovizia di particolari il sito www.sonoromanista.it, "il brano fu proposto per la prima volta durante la partita Roma-Fiorentina del 15 dicembre 1974 per festeggiare la marcatura di Penzo". Fu però una circostanza rimasta isolata, poiché in seguito sarebbe stato diffuso "al termine della lettura delle formazioni di ogni partita, poco prima dell'ingresso in campo delle squadre (a eccezione delle partite casalinghe di Uefa Champions League)". E proprio al 1974 risale una grande fotografia in bianco e nero pubblicata da Carlo Massarini in due pagine del suo libro *Dear Mister Fantasy. Foto-racconto di un'epoca musicale in cui tutto era possibile. 1969-1982*, edito da Rizzoli nel 2009: Antonello, eskimo e maglione della nonna, serissimo dietro ai suoi amati Ray-Ban, è allo stadio Olimpico in occasione del derby Roma-Lazio del primo dicembre 1974, vinto dai giallorossi per una rete a zero con gol di De Sisti; alla sua destra, forse motivo di tanta serietà, un carabiniere tiene gli occhi fissi sul campo.

Ma si diceva di *Roma Roma*: fu l'allora presidente dell'A.S. Roma Gaetano Anzalone ad adottarla come inno ufficiale il 9 gennaio 1975, una scelta sconfessata nella stagione 1979-1980 dal nuovo presidente Dino Viola, che pure era compagno di partito – la Democrazia Cristiana – del predecessore: Viola le preferì *Forza Roma* di Lando Fiorini, perché pare non gradisse che la società e la squadra avessero per inno una canzone composta da un cantautore all'epoca "politicamente esposto a sinistra" come Venditti.

Un'esposizione che comunque non si era certo manifestata (a parte, come vedremo, un controverso "rossa") nel testo della canzone: popolare ma non popolaresco, il brano di Venditti semplicemente sta a quello di Fiorini come un calciatore dai piedi buoni e dai polmoni capaci sta a un generoso mediano con le estremità inferiori a banana.

Forza Roma forza Lupi
questa è l'ora de mostra' quanto valemo
Forza Lupi forza Roma
quando entrate in campo

er core ce se'nfoca
noi c'avemo er core grosso
mezzo giallo e mezzo rosso
er tifoso romanista
dei tifosi è sempre er più

Così canta Lando, e Antonello gli fa eco:

Roma Roma bella
t'ho dipinta io
gialla come er sole
rossa come er core mio
Roma Roma mia
nun te fa 'ncantà
tu sei nata grande
e grande hai da restà

Si potrebbe discutere all'infinito su cosa esattamente volesse dire Venditti con il verso "rossa come er core mio", al quale Antonello avrebbe tempo dopo attribuito – anche – connotazioni politiche, ma chissà...

L'era-Fiorini durerà esattamente fino al 1983, l'anno del secondo scudetto romanista, con Liedholm ancora in panchina, Viola presidente, Agostino Di Bartolomei (che sarebbe morto suicida nel 1994) capitano, Paulo Roberto Falcão, Bruno Conti e Roberto Pruzzo stelle della formazione. Proprio a Di Bartolomei, del quale era amico, Venditti avrebbe dedicato la canzone *Tradimento e perdono*, contenuta nell'album DALLA PELLE AL CUORE del 2007. «L'ho scritta il 30 maggio, anniversario della morte di Di Bartolomei e del giorno in cui la Roma perse nell'84 la Coppa dei Campioni», così Venditti, intervistato da Marinella Venegoni per «La Stampa». «Può avere valore anche per me, è una canzone preventiva; io penso che uno che ha successo abbia diritto a più amore che non una persona normale: a volte, quando finisce la tua importanza, una parola può bastare».

"Ricordati di me mio capitano / cancella la pistola dalla mano /tradimento e perdono fanno nascere un uomo / ora rinasci tu", canta Antonello, che nel testo ricorda anche il cantautore Luigi Tenco ("Luigi pieno di amici / solo e lasciato lì") e il campione di ciclismo Marco Pantani, il "Pirata" ("mi ricordi", canta rivolgendosi a Di Bartolomei "di Marco e di un albergo / nudo e lasciato lì / era San Valentino l'ultimo arrivo / e l'hai tagliato tu / questo mondo coglione piange il campione / quando non serve più").

Ma bando alla tristezza, torniamo indietro di ventiquattro anni: è il 15 maggio 1983 e Antonello Venditti canta al Circo Massimo per festeggiare la vittoria del campionato 1982-83, arrivata una settimana prima, l'8 maggio, in seguito al pareggio 1-1 al Marassi contro il Genoa. Per l'occasione, Venditti canta sia *Roma Roma* sia *Grazie Roma*, la canzone scritta per celebrare il successo della squadra giallorossa, pubblicata anche a 45 giri con sul retro *Roma capoccia*, pure

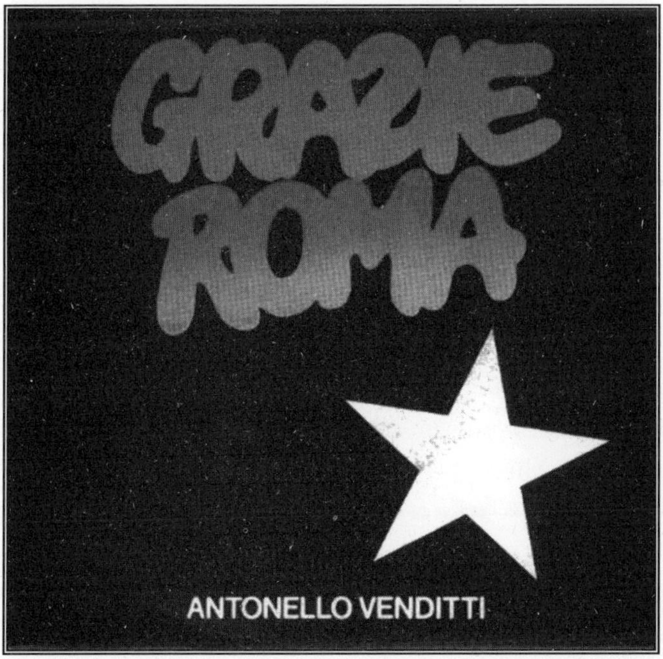

questa cantata la sera del 15 maggio. I tre brani, insieme ad altri sette pezzi, sono contenuti nel disco registrato dal vivo durante il concerto, che comprende anche un inedito, *Circo Massimo* ("Luna sola su nel cielo / guarda siamo centomila / stretti stiamo bene / questa notte per cantare / [...] luna sola su nel cielo / guarda siamo trecentomila / stretti stiamo bene / questa notte per cantare").

Dimmi cos'è
che ci fa sentire amici anche se non ci conosciamo
dimmi cos'è
che ci fa sentire uniti anche se siamo lontani
dimmi cos'è, cos'è
che batte forte, forte, forte in fondo al cuore
che ci toglie il respiro
e ci parla d'amore
grazie Roma
che ci fai piangere e abbracciarci ancora
grazie Roma grazie Roma
che ci fai vivere e sentire ancora
una persona nuova

Lo spirito di *Roma Roma* rivive in *Grazie Roma* con una nuova energia, alla quale certamente contribuisce l'ultima strofa in romanesco:

Dimme chi è
che me fa senti' 'mportante anche se nun conto niente
che me fa re
quando sento le campane la domenica mattina
dimme chi è chi è
che me fa campa' sta vita così piena de problemi
e me dà coraggio
se tu non me vuoi bene

È fatta: Viola capitola, e *Grazie Roma* sostituisce la canzone di Lando Fiorini come inno ufficiale dell'A.S. Roma.

L'anno dopo, il concerto organizzato al Circo Massimo con la speranza di celebrare il successo nella Coppa dei Campioni contro il Liverpool si trasforma in uno psicodramma collettivo: finiti i tempi regolamentari sull'1-1 (al gol del terzino inglese Philip Neal, dopo neanche un quarto d'ora, aveva replicato il solito Pruzzo un minuto prima del riposo), il risultato non era cambiato dopo i supplementari, e per decidere il vincitore erano rimasti i rigori. Nicol sbaglia per il Liverpool, capitan Di Bartolomei porta in vantaggio la Roma, poi Neal, sempre lui, pareggia, mentre Bruno Conti manda fuori. È Souness a realizzare il 3-2, e dopo di lui segnano Righetti (3-3) e Rush (4-3); a questo punto tocca a Graziani, che sbaglia, mentre Kennedy realizza il 5-3. Come suol dirsi, addio sogni di gloria, con tanto di coda polemica in casa giallorossa: Falcão, il campione dei campioni, si era rifiutato di calciare dal dischetto.

Ci penserà Venditti a consolare tutti, dedicando ai tifosi romanisti una quanto mai calzante *Ci vorrebbe un amico*:

Stare insieme a te è stata una partita
va bene hai vinto tu e tutto il resto è vita
ma se penso che l'amore è darsi tutto dal profondo
in questa nostra storia sono io che vado a fondo
ci vorrebbe un amico
per poterti dimenticare
ci vorrebbe un amico
per dimenticare il male
ci vorrebbe un amico
qui per sempre al mio fianco
ci vorrebbe un amico nel dolore e nel rimpianto.
Vivere con te è stata una partita
il gioco è stato duro comunque sia finita
ma sarà la notte magica o forse l'emozione
io mi ritrovo solo davanti al tuo portone

La canzone, è chiaro a tutti, parla di un amore finito, ma nemmeno a farlo apposta contiene parole che ben si adattano all'atmosfera della serata, dalla "partita" che "va bene hai vinto tu" al "gioco" che "è stato duro comunque sia finita". Per non dire della "notte magica" che magica purtroppo non è stata.

Durante gli anni Novanta, *Roma Roma* ritornerà l'inno ufficiale della Roma, mentre *Grazie Roma* è ancora oggi diffuso al termine di ogni partita casalinga vinta dalla squadra in Campionato, Coppa Italia e competizioni Uefa. Ma la storia musicale che lega Venditti e 'a Maggica non finisce qui: con Franco Sensi presidente, Fabio Capello in panchina, Francesco Totti capitano, Cafu, Aldair, Montella e Batistuta giocatori di maggior spicco, arriva il terzo scudetto. È il 17 giugno del 2001.

Tocca di nuovo al Circo Massimo, che si riempie fin quasi a scoppiare la sera del 24 giugno. E di nuovo tocca a Venditti, ancora una volta maestro di cerimonie, se non addirittura protagonista assoluto, con tanto – come vedremo – di aspra polemica fra lui e Totti, e i tifosi romanisti che prenderanno le parti del Capitano: "Venditti né romano né romanista, ma solo uno sporco opportunista" è la conciliante scritta che comparirà su uno striscione srotolato sugli spalti durante il ritiro estivo della squadra a Kapfenberg, in Austria.

C'è un milione di persone al Circo Massimo, quella sera, compresi molti vip, che così spiegano la loro presenza a Fabrizio Caccia del «Corriere della Sera» (25 giugno 2001): "'Sono venuto perché è una festa di popolo', ammette Fausto Bertinotti, il segretario di Rifondazione comunista, arrivando sotto il palco del Circo Massimo. 'Sembra la fine della terza guerra mondiale, non ho mai visto tanta gente in vita mia', scherza Carlo Verdone. 'Siamo più di Woodstock', ride Massimo Ghini". Di quel milione di persone, centinaia di migliaia aspettano una cosa sola: lo spogliarello annunciato da Sabrina Ferilli. Peccato per loro che la Ferilli si spogli, sì, ma per restare in un triste bikini color carne. E peccato per i tifosi che sul palco – oltre al presidente Sensi – salgano solamente cinque giocatori: capitan Totti, Montella, Candela e i non proprio famosissimi Lupatelli e Rinaldi, col Pupone che si schermisce, come scrive sempre il 25 giugno su «La Repubblica» Massimo Vincenzi: "Sono abituato a ottantamila persone, non a un milione".

Quanto a Venditti, canta da par suo, regalando uno spicchio di serata al suo imitatore principe Corrado Guzzanti (insieme al quale esegue la parodistica *Grande raccordo anulare*), ma soprattutto una nuova canzone dedicata alla Roma ai suoi tifosi. Il nuovo brano, intitolato *Che c'è*, non ha propriamente il piglio dell'inno, ma è solo una ballata, anche se una ballata speciale, una canzone d'amore per la Roma, un ideale abbraccio ai romanisti:

Il tempo ci ritrova qui
ancora un'altra volta
i nostri cuori unisoni
legati un'altra volta
per te che ci fai liberi
ovunque al mondo siamo
in ogni giorno che vorrai
io griderò ti amo.
Perché sognavo questa Roma
e Roma c'è e l'anima è leggera come se
tutto l'amore che cercavi adesso c'è
e non ti manca niente al mondo

Il 7 agosto di quell'anno sarà proprio Francesco, il Capitano, a tornare sull'argomento durante la presentazione ufficiale della nuova Roma. È un intervento a gamba tesa quello di Totti, che definisce l'iniziativa riservata alla stampa "la vera festa della Roma", rincarando subito dopo la dose, come riferisce fra gli altri il sito www.goalcity.com: "Al Circo Massimo siamo stati trattati come barboni. Ha fatto tutto Antonello Venditti. E molti giocatori non ci sono andati per questo". Venditti non ci sta, e replica stizzito: "Ho organizzato la festa del

Circo Massimo per i romani e per la Roma. Sono addolorato per questa polemica da parte di Francesco. E se i tifosi davvero pensano questo di me, perché cantano ancora i miei inni allo stadio?".

Venditti e la Roma si sarebbero ancora incrociati il 28 novembre 2012. O meglio, a incrociarsi saranno Antonello e il vecchio-nuovo allenatore dei giallorossi Zdenek Zeman, tra il pubblico dell'Auditorium Parco della Musica insieme alla moglie per il concerto del tour di UNICA. Il cantautore, racconta il sito www.oroeporpora.it, "ha riproposto *Giulio Cesare* in salsa romanista: i ragazzi dell'86 sono diventati quelli del 2006 e Paolo Rossi, Totti". Niente, però, in confronto alla canzone che nel 1999 Antonello aveva dedicato al mister ceco, *La coscienza di Zeman* (contenuta nell'album GOODBYE NOVECENTO).

No non è una partita
volgarmente si chiama corrida
c'è la testa del toro

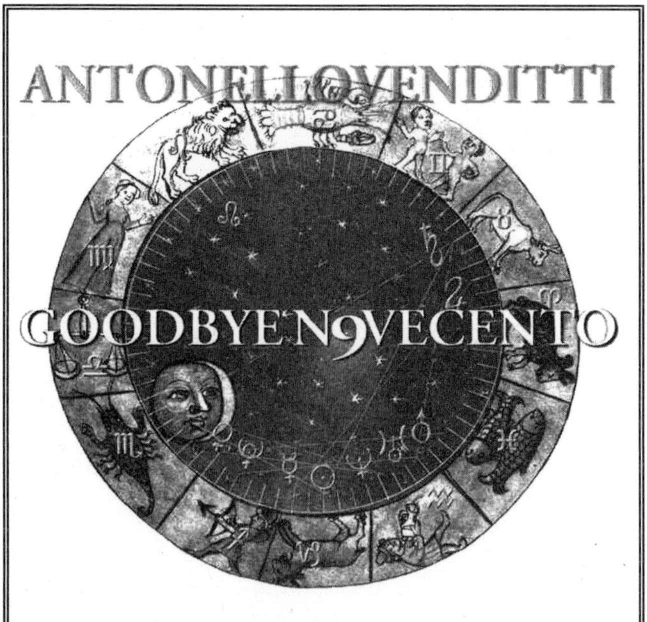

e nessuno ti chiede perdono
la folla sta impazzendo ormai
all'attacco vai
in difesa mai
non ti fermerai
perché non cambi mai
il sogno è ancora intatto e tu lo sai
perché non cambi mai
il sogno non si avvera quasi mai

Non lo sapeva, Venditti, ma sarebbero state parole profetiche: due mesi dopo, in seguito alla sconfitta interna (2-4) con il Genoa, Zeman sarà esonerato.

Non è finita: eccolo a sorpresa, Venditti, in un video pubblicato il 16 febbraio 2013 nel suo profilo su YouTube (www.youtube.com/user/venditti), con il titolo "Ritorno di Antonello allo stadio": all'Olimpico sono venticinque secondi di sorrisi ed entusiasmo, nei quali Venditti canta a squarciagola, insieme ai tifosi giallorossi, un entusiastico *Grazie Roma* la sera della vittoria in campionato contro la Juventus (1 a 0 con un gol – neanche a farlo apposta – di Francesco Totti). Il video, condiviso la stessa sera sulla pagina ufficiale di Venditti su Facebook (www.facebook.com/AntonelloVendittiUfficiale), suggella pubblicamente la pace con il Pupone e riafferma la fiducia nella squadra del cuore, anche se il "suo" mister Zdenek Zeman non siede più sulla panchina della Magica (e sarà un po' dura che Antonello dedichi una canzone al suo successore, il – diciamo così – meno carismatico Aurelio Andreazzoli).

Due giorni dopo, ai microfoni di Centro Suono Sport, Venditti rilascia una dichiarazione che suona come una specie di *Apologia di Totti*:

> Quando ha fatto gol Totti ho sentito il bisogno di farmi una foto, perché secondo me è stato il gol più bello di Totti. Per un grande cal-

ciatore non importa quello che hai fatto in passato, conta quello che fai oggi. Le persone non sanno quanto ci vuole per essere a livello di se stessi. Nel gol alla Juventus c'è tutta la classe e la forza di un campione oggi. [...] La Roma ha dimostrato orgoglio, ha dimostrato di esserci; questo deve fare la Roma, trovare l'orgoglio e la fiducia in se stessa. L'esultanza di Totti è stata meravigliosa. Lui secondo me mira a Piola, io tenterei di portarlo a quel record. Quello è il destino di Totti. Nella storia del calcio italiano, un giocatore come Totti non esiste. Se Piola ha smesso a quarantuno, Totti a quarantacinque ci arriva. Quando Totti non giocherà più, uno si accorgerà della grandezza della persona. Totti si dimostra ogni giorno il più forte.

Dai giallorossi ai rossoblù

Non tutti sanno che per un breve periodo Antonello Venditti è stato presidente onorario del Campobasso Calcio (nel campionato 2012-2013 la squadra rossoblù, denominata Nuovo Campobasso dopo alterne e spiacevoli vicende, milita nel girone B della Seconda Divisione). A spiegare il motivo è la giornalista Carmen Sepede, in un articolo pubblicato dal «Tempo Molise» il 19 giugno 2006:

Un rapporto di grande affetto quello tra il cantautore, che molti identificano come "romano de Roma" (come dimenticare *Roma capoccia* e *Grazie Roma*), e la nostra regione, a cui sono legati i suoi ricordi di bambino e nella quale ha ancora tanti parenti e amici. Profumi e colori di una terra che non ha dimenticato, «da ragazzino trascorrevo le mie giornate a Campolieto [*è il paese in cui è nato il padre di Antonello, il prefetto Vincenzino Italo Venditti, al quale il cantautore ha dedicato tre canzoni:* Mio padre ha un buco in gola, Giulio Cesare *e* Ma che bella giornata di sole, *N.d.A.*], a casa dei miei nonni, e mi ricordo un particolare, il frinire delle lucciole [*pur se qualcuno fa frinire anche le lucciole, solitamente friniscono le cicale, come Venditti peraltro dovrebbe ben sapere, essendo soprannominato "il Cicalone", N.d.A.*]. E poi i colori, perché il Molise è una terra piena di luce, una terra che però conoscono solo i molisani e pochi altri, e che potrebbe essere una bella luce per l'Italia». È tornato a Campobasso, Antonello Venditti, sedici anni dopo il concerto che tenne nel nuovo stadio Romagnoli. «Mi fa piacere tornare in Molise, in questo giorno di festa ancor di più, è un'emozione grande. Voglio fare un saluto a tutta Campuasce e a Campuliet. Mi ricordo bene il concerto che tenni qui nel 1990, lo stadio e la porcilaia, che è collocata in questa città, mentre il mondo è pieno di porci. A proposito, c'è ancora?», chiede ai giornalisti, nell'incontro cordiale e informale che ha preceduto l'inizio del concerto in piazza Prefettura, aperto con una bellissima esecuzione di *Che fantastica storia è la vita*.

3. Com'è lontana la cantina

Era un martedì quando staccai il primo passo dentro al Folkstudio di via Garibaldi e trovai un tale Francesco De Gregori che alternava composizioni sue a traduzioni di brani di Leonard Cohen e Bob Dylan. Mi presentarono Giancarlo Cesaroni, ovvero l'uomo-censura, grande boss, diviso fra sigaro, Ballantine's e corse dei cavalli. A fare i provini c'era la fila, decideva lui a insindacabile giudizio. In un angolo addossato al muro, malmesso e di schiena al pubblico, c'era un pianoforte che veniva usato solo in caso di jazz. Quasi non esisteva come strumento nell'immaginario collettivo. Gli suonai *Sora Rosa*, *Roma capoccia* e *Viva Mao* e il capo sentenziò: «Puoi venire domenica». Lo spazio domenicale cominciava alle 14:30 e terminava quando noi decidevamo di far girare le chiavi. Ci chiamavamo poco fantasiosamente I Giovani del Folk(studio), ne facevamo parte io, De Gregori, Giorgio Lo Cascio, Ernesto Bassignano, i quattro ragazzi con la chitarra e il pianoforte sulla spalla finiti nella prima strofa di *Notte prima degli esami*.
[Antonello Venditti, in *L'importante è che tu sia infelice*, Mondadori, 2009]

Fiori falsi e sogni veri
tra gli eroi della friggitoria Schantan

Grazie, ho già mangiato ieri
un sorriso stasera basterà
Arlecchino è già sul filo
la gente vuol vedere cosa fa
E il filo corre sopra la città
e tutto il mondo è tutto qua
Dove vai? Quanti soldi ti hanno dato
quanti sogni e quanti anni?
Dove vai? La tua cella è un po' più stretta
ma ti pagano di più
[Francesco De Gregori, *Arlecchino*, in FRANCESCO DE GREGORI, Rca, 1974]

E poi del resto la gente nei bar
vuole battere i piedi
e scaldarsi di fiati e risate...
col freddo che c'è
e la musica è carta da zucchero
in mani bruciate
a scandirsi un bel tempo di vita
che vita non è
[Claudio Lolli, *Folkstudio*, in DALLA PARTE DEL TORTO, Storie di note, 2000]

Parlare di Venditti e non parlare del Folkstudio è come parlare di De Gregori e non parlare del Folkstudio. Scherzi a parte, la "cantina di via Garibaldi" è il luogo in cui nasce se non l'autore di canzoni Antonello Venditti (la cui nascita si può far risalire "naturalmente" nella cameretta dell'Antonello adolescente), sicuramente il cantautore Antonello Venditti, racchiudendo nella definizione tanto il personaggio pubblico quanto l'autore di canzoni. Non poteva così che ruotare intorno al Folkstudio la prefazione che Antonello Venditti ha scritto per il libro *Canzoni pennelli bandiere supplì* di Ernesto Bassignano,

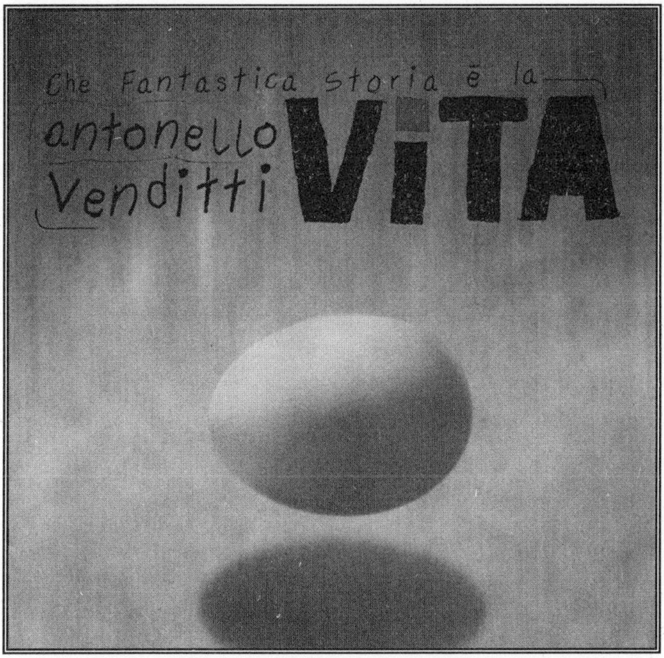

pubblicato nel 1996 dalla Pieraldo Editore. "Mi chiamo Ernesto Bassignano e sono sostanzialmente, né più né meno, un distonico neurovegetativo post-sessantottesco"; così si definisce nel suo sito Internet www.ernestobassignano.it, e saranno le "cose della vita" a far subito planare la mente, dopo un volo pindarico forse un po' troppo azzardato, sull'esordio della canzone *Io e mio fratello*, cantata in coppia da Venditti e De Gregori (che un po' a sorpresa è l'autore del testo) nell'album di Antonello CHE FANTASTICA STORIA È LA VITA del 2003: "Sono Antonello e questo è mio fratello / il mio miglior nemico il mio peggior amico". Un po' come prendere le mosse da "Montalbano sono" e ritrovarsi dalle parti di "My name is Bond, James Bond".

Ma lasciamo parlare, anzi scrivere Venditti sul libro di Bassignano:

> I tempi in cui Il Comunista, Il Piemontese, Il Duro Ernesto (come lo chiamavamo) piombò con la sua fisicità e i suoi comizi dentro quella cantina di via Garibaldi, scioccando letteralmente me e De Gregori,

erano tempi lenti e con poche auto, erano passeggiate da farsi placidamente a piedi, avventure da mordere a fondo – notti comprese – fra bar, cantine, ristoranti, librerie, gallerie e iniziative... luoghi umani e artistici legati strettamente dallo stesso spirito neoromantico. Erano tempi – sana nostalgia per la giovinezza a parte – in cui *Roma capoccia* dominava sul mondo infame dall'alto della sua rivoluzione culturale e il Folkstudio in via Garibaldi (con annesso il limitrofo Bar delle Rose) era un microcosmo capace di far convivere guitti intellettuali e popolo, *hippies globetrotters* e politici, ceti razze ed età, tutte unificate dal jazz, dal folk, dalla sangrilla e dall'amicizia grande, fatta di grande complicità. Erano tempi e luoghi che nel libro di Ernesto – tra canzoni, pennelli e bandiere sessantottarde – riaffiorano con la loro verità e il loro colore reale, come ridipinti e lucidati, vendicando centinaia di scarni e frettolosi pezzulli di pavide penneasfera [*impossibile non cogliere il riferimento al giornalista di «Ciao 2001» Enzo Caffarelli, protagonista in negativo del brano* Penna a sfera *contenuto nell'album* LILLY, *N.d.A.*] per forzate ricorrenze sui loro rotocalchi coi culi in copertina!
Il Piemontese, borghese come noi ma già svezzato a racconti di guerra, montagne innevate e campagne, vita contadina, spinto della Resistenza, con quei quattro o cinque anni di più e quella stazza fisica e ideologica superiore alla nostra gracilità di metropolitani, di studentelli, spalancò la porticina del Folk e subito pronunciò parole importanti, per noi spesso anche oscure. Teorizzò, come un tribuno, di antifascismo, di strade, fabbriche, masse, organicità, imponendoci crudelmente di «volare più basso, di lasciare qualche sogno in terra, di buttarci nella mischia quotidiana...». Ci inquietò e ci impose rispetto, trascinandoci in piazza con lui, facendo fino in fondo il suo dovere di militante e fottendosi mica male laddove, mentre noi riuscimmo a far la nostra parte restando nondimeno liberi, lui invece – uomo di marmo assoluto – fu ineluttabilmente irreggimentato e usato al punto da tarpare per lustri a venire la fantasia e le qualità liriche di cui era abbondantemente in possesso.

E quanto più il ritratto di Bassignano dipinto quasi con furia appare onesto e sincero, tanto più vien da pensare che ritraendo il "Duro Ernesto", sul retro della tela Venditti abbia voluto mostrare il timore di essere stato il "Molle Antonello" in combutta con un altrettanto "Molle Francesco". Non è un caso, allora, se la prefazione si conclude così:

> Ora questo libro coloratissimo e musicale viene a liberarlo [*Bassignano, N.d.A.*] definitivamente, certo, quasi trent'anni dopo. È come se Ernesto – urlando e ricordando, senza mai prender fiato, i suoi anni migliori e fondamentali, non tanto di successo quanto di formazione – fosse riuscito finalmente a sciogliersi dai vincoli anacronistici e tornare libero e bello, giustamente ancora e sempre incazzato come una bestia, lucido come dopo una severa autoanalisi che – raschiando il fondo di ogni recriminazione e ripensando gli avvenimenti – lo rimette in gioco. Un gioco che oggi ha di nuovo un gran bisogno di gente come lui, emendata dalla demagogia, sincera, recuperata al sogno degli amici di Sora Rosa e di Alice, di nuovo e ancora pronti a lottare contro il nuovo, ma non ultimo, "mondo di ladri".

Prima del cameo di Venditti nella storia del Folkstudio di Dario Salvatori, merita di essere almeno ricordata l'intervista alla quale il "boss" del locale Giancarlo Cesaroni (morto nel 1998 per complicazioni legate al diabete) sottopose, è proprio il caso di dire, Venditti e De Gregori. Donata dall'Associazione Folkstudio 88 all'Istituto centrale per i beni sonori e audiovisivi di Roma, l'intervista è stata realizzata l'11 novembre del 1978 nella sede di via Gaetano Sacchi 3, dove il Folkstudio si era trasferito dalla storica sede di via Garibaldi. Era "probabilmente destinata a una trasmissione radiofonica, visto che in qualche occasione una seconda voce si inserisce accanto a quella di Cesaroni nel porre le domande ai due artisti, e probabilmente registrata nella sede del Folkstudio a Roma", è spiegato in una nota sul sito dell'Istituto (www.icbsa.it). La qualità della registrazione è buona e De Gregori e Venditti

> propongono anche alcune delle prime canzoni che presentavano ai loro esordi proprio al Folkstudio. *Piano solo* è un brano strumentale suonato da Venditti, inedito, anche se si colgono qua e là citazioni da altre canzoni dello stesso Venditti. *Dolce signora che bruci*, *Sora Rosa* e

Lontana è Milano sono in forma ridotta rispetto alle versioni apparse su disco. *Rosso Corallo* non è mai stata incisa da Francesco De Gregori e pertanto è un inedito, ed è proposta in versione leggermente differente (con una strofa in meno e qualche variante del testo) rispetto all'esecuzione registrata da Luigi Grechi (fratello di De Gregori) nel suo album LUIGI GRECHI [*uscito nel 1977 per la Pdu, la casa discografica fondata nel 1967 da Mina e da padre Giacomo Mazzini, N.d.A.*].

Quindici anni prima, a circa venti dalla fondazione, Venditti aveva scritto invece un ricordo del Folkstudio nel libro in cui Salvatori, critico musicale e oggi più che altro tuttologo, aveva ripercorso la storia del leggendario locale romano, attivo dal 1960 al 1998. Così Venditti in *Folkstudio Story* (Studio Forma, 1981, ospita fra gli altri anche brevi testi di Francesco De Gregori, della cantautrice Giovanna Marini e del sassofonista Mario Schiano):

> Bassignano: «Attenti, volano schiaffi!».
> De Gregori: «Non fare il solito stalinista».
> Lo Cascio (tifando De Gregori): «Non c'è motivo di scaldarsi tanto».
> Venditti: «Fulmini, tuoni, denunce, condanne, scarcerazioni! Imparatevi gli accordi!».
> Cesaroni: «Mi avete rotto le palle».
> That's Folkstudio. Quando rimisi le mani su quel fottutissimo pianoforte pensai: «Il Folkstudio è veramente morto, finito. Meno male» [*del resto, già in tempo non sospetti, nel 1973, album* L'ORSO BRUNO, *canzone* Dove, *Venditti aveva cantato il verso "Il Folkstudio s'è spostato sul pop", N.d.A.*]. A spiarmi c'erano cento occhi che quelli della barzelletta della civetta che fa il pappagallo sono uno scherzo, più quattro (Francesco e Ernesto) particolarmente cari. Poi due flashaioli da penna a sfera [*un chiodo fisso, N.d.A.*] residuati bellici della dolce vita che ancora mi chiamavano Anita, otto preti in libera uscita travestiti e col tesserino da intellettuale, e lui, il Grande Vecchio Mammamia Che Paura, Cesaroni (che più lo guardo e più mi sembra lui, il Folkstudio). [...] Quando rimisi le mani su quel fottutissimo pianoforte, dicevo, tutto sembrava finito, sepolto, passato e irripetibile. [...] L'atmosfera,

con la gente che continua ad entrare, si fa di festa tipo non si uccidono così anche i cavalli? E mentre sto per cominciare sento distintamente il bisbiglio di una quattordicenne con maglietta "Patti Smith sei grande e bella", che dice alla sua amichetta undicenne capelli a scacchi: «Hai visto chi c'è? C'è pure De Gregori, canta pure lui? Chissà se cantano insieme come ai tempi del Folkstudio?». Ma questo è il Folkstudio porca vacca! O no? [*Venditti si riferisce al fatto che Giancarlo Cesaroni avesse trasferito la sede del locale da via Garibaldi a via Sacchi, sempre a Trastevere, e infine a via Frangipane, alle spalle del Colosseo, N.d.A.*]. Non c'è tempo, devo suonare, è un cammino all'indietro dove incontro Sora Rosa… […] I ragazzini new-wave se ne vanno perplessi. «Era lui o non era lui?», dato che alla fine De Gregori non ha suonato. La gente se ne va; restiamo noi: il Boss, Ernesto, Francesco, sua moglie e io. La festa è finita.

4. Ci vorrebbe un amico, anzi due

Ti ricorderai l'esondazione dell'Aniene
e forse penserai a quanto ti ho voluto bene!
Tutto l'amore del mondo non ci salverà!
Ciò che c'è di più profondo più a fondo cadrà
Tutto l'amore del mondo in un fiume che scorre
sul male e sul bene: l'Aniene... l'Aniene
[Corrado Guzzanti, *L'esondazione dell'Aniene*]

Sarebbe stato troppo facile proporre, a mo' di distico, una strofa a piacere dell'apocrifo per eccellenza di Venditti, il *Grande raccordo anulare* comparso addirittura in un disco ufficiale di Antonello, il live CIRCO MASSIMO del 2001. Ma questi versi di *L'esondazione dell'Aniene*, che il giornalista-blogger romano Flavio Grasselli definisce nel suo blog "la canzone più bella del 2011: vera, ironica, incazzata, romantica", restituiscono – anche se scrivendo è difficile non pensare alla vecchia battuta di Totò: «Vai avanti tu che mi vien da ridere» – un'immagine meno caciarona e quasi intimista del Venditti di Corrado Guzzanti, a testimoniare l'affetto del comico, romano come Antonello, nei confronti del protagonista di una delle sue imitazioni più riuscite.

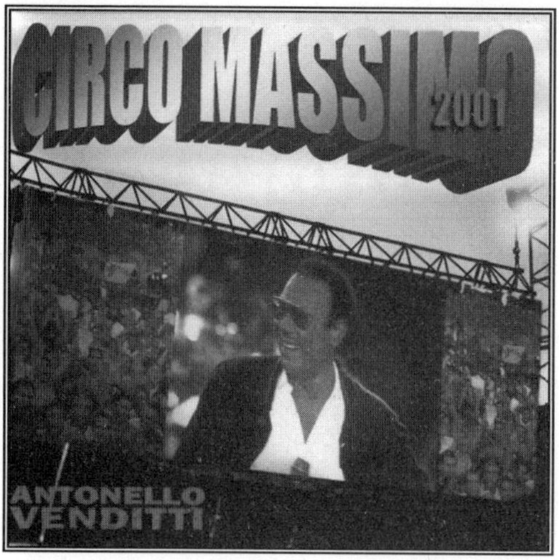

La parodia fu presentata per la prima volta in televisione proprio nel 2001, durante il programma comico-satirico *L'ottavo nano*, condotto su Rai 2 da Serena Dandini, con le sorelle di Corrado – Sabina e Caterina – nel cast. "Alla seconda puntata", scriveva il primo febbraio di quell'anno su «la Repubblica» Antonio Dipollina, "un piccolo miracolo si è rinnovato. Trasportato in scena con tutto il pianoforte, indissolubile nel connubio, è sbucato Antonello Venditti. Ma era Guzzanti, va da sé, che martoriava di colpi la tastiera in autentico stile vendittiano anni Settanta". La canzone, interminabile, è proprio la già citata *Grande raccordo anulare*, nella quale Guzzanti-Venditti (cui è stata dedicata addirittura una pagina come "personaggio pubblico" su Facebook) sceglie di cantare Roma tutta intera, "e il modo migliore per abbracciarla davvero", continua Dipollina, "è prenderla dal Gra, facendo l'amore in macchina nelle soste e 'se nasce una bambina poi / la chiameremo: Rrrooomaaa'. Strofe su strofe, ognuna riferita a un'uscita del raccordo, e ad ogni uscita un piccolo bozzetto di storia improbabile, ad Acilia-Casalpalocco come alla Laurentina".

Indimenticabili, fra i tanti, i versi seguenti, e chissà che scrivendoli Guzzanti non avesse in mente il celebre "semo du' ossa de prosciutti" di *Sora Rosa*:

All'uscita 25 c'è 'a Laurentina
Bruno l'infame ha cambiato gestione

er prosciutto è più bono da Sergio, dietro la piazza
ma nun te fa lo scontrino

Ma non sono male anche questi, con un tocco di comicità ruspante alla Montesano:

All'uscita 24 c'è Santa Palomba
dall'Ardeatina c'è 'n travestito
dice che j'hanno sbagliato l'ormone
c'ha i baffi in fronte e vò un mijone
aho c'ha i baffi in fronte, e vò un mijone

E che dire della strofa seguente, dedicata al morbo della mucca pazza che tanta apprensione ingenerò quell'anno nei consumatori?

All'uscita 29 c'è: Acilia-Casal Paloccooo
dietro ar bar de Enzo ce sta 'n centro commerciale
dice Tiziana che nun ce sta a mucca pazza
ce sta er cartellooo, vatte a fida'
sò boni tutti a mettece 'na scrittaaa sur cartellooo
sò boni tuttiii

Quasi un falso d'autore è invece il testo dell'*Esondazione dell'Aniene*, che sin dall'esordio rimanda al Venditti politicamente impegnato dei primi anni:

Sai, questi anni tristi di pagliacci e di lacchè
di leggi infami e di lavoro che non c'è
li scorderemo anche se adesso sembra strano
come quel giorno tu hai dimenticato me!
E il tempo è un fiume che si porta tutto via
questi buffoni insieme ai giorni che eri mia

la nostra storia e questa storia senza cuore!
Amore dimenticheremo tutto ma...

E a questo punto si scatena il ritornello sull'esondazione.

Torniamo al Circo Massimo. È il 24 giugno 2001 e la settimana prima – domenica 17 – la Roma di Fabio Capello si era aggiudicata lo scudetto battendo 3-1 il Parma con le reti del capitano Francesco Totti, di Vincenzo Montella e Gabriel Batistuta. Un milione di persone – anzi, di tifosi – festeggia il tricolore insieme a Venditti, all'attrice Sabrina Ferilli, al patron della squadra capitolina Franco Sensi accompagnato da cinque calciatori giallorossi, tra i quali gli stessi Totti e Montella; ci sono anche il compositore, premio Oscar per *La vita è bella*, Nicola Piovani, l'attore Claudio Amendola e soprattutto l'immancabile Carlo Verdone.

E se la prima emozione "è il mare bianco di fazzoletti e fogli che accompagna *Stella*", scrive Massimo Vincenzi il 25 giugno su «la Repubblica», "la prima risata, enorme, liberatoria, contagiosa la costruisce Corrado Guzzanti che, all'improvviso, compare seduto al pianoforte bianco e canta il famoso *Raccordo anulare*, dove accade di tutto. Persino che il permalosissimo Venditti si ride addosso, duettando con il suo clone comico: l'effetto è irresistibile, persino i poliziotti, stravolti dalla fatica, scoppiano in singhiozzi d'ilarità".

«Grande Guzzanti», si accomiata Venditti introducendo *Notte prima degli esami*. E Corrado ricambierà la cortesia nero su bianco, nel libro *Parole di Corrado*, del 2012: insieme ai "figli naturali" Lorenzo e padre Pizzarro, Quèlo, il Massone e il dio biondo Aniene, nel volume edito da Fanucci, il Venditti di Guzzanti si ritaglia il giusto spazio tra le parodie-imitazioni forse non così affettuose di Francesco Rutelli e soprattutto Giulio Tremonti.

E se a qualcuno non bastasse il finto Venditti, sappia – la realtà supera sempre la fantasia – che ce n'è anche uno talmente finto da sembrare vero, o talmente vero da sembrare finto: nome di battesimo, incredibile a dirsi, Antonello, cognome Cuomo, nato a Napoli (nessuno, si sa, è perfetto) nel 1965 sotto il segno dei Pesci (e te pareva), il suo nome d'arte è "Antonello canta Venditti". Il sosia del cantautore romano ha debuttato in proprio il 25 gennaio 2013 con un singolo intitolato *Per sempre*, scritto – informa Federico Vacalebre nell'edizione online del «Mattino» – "con Claudia Megrè, cantautrice partenopea nota per aver riletto la *Liù* degli Alunni del Sole in chiave di triangolo lesbico". Stìca, verrebbe da dire, ma non si può.

Cuomo però dà il meglio di sé, ovviamente, quando impersona il suo mito, che si ritrovi a Cinecittà tra il pubblico del *Treno dei desideri*, il programma di Raiuno con Antonella Clerici, o invitato a *Tale e quale* da Carlo Conti, o – ancora – sul palco dell'undicesima edizione del Concorso mondiale del pizzaiuolo (proprio con la U), dove asseconda i presentatori prima fingendo di essere l'originale, poi eseguendo da par suo *Che fantastica storia è la vita* ("Mi chiamo Antonio e faccio il cantautore / e mio padre e mia madre mi volevano dottore"). E chissà che prima o poi non ci sia dato di vedere Corrado Guzzanti che imita Antonello Cuomo che canta Venditti, oppure tutti e tre sullo stesso palco per interpretare – scelta migliore non potrebbe probabilmente esserci – un'accorata versione di *Ci vorrebbe un amico.*

5. Fatti della stessa pasta

Si era creata una situazione antipatica, lui aveva fatto tutto quel successo e giustamente se lo godeva, però era rimasto anche un po' intrappolato da certi meccanismi e io lo criticavo molto per certe cose che andava dicendo e facendo, con questo mito di Elton John, il disco ecologico su L'ORSO BRUNO, insomma ci fu una frattura. E poi onestamente ero anche invidioso di lui a quel punto, perché mi sentivo tagliato fuori; forse al Folkstudio io avevo più successo di Venditti e Venditti veniva forse un gradino sotto di me, ma sul piano discografico la cosa venne ribaltata in maniera impietosa, cioè io non ero solo un gradino al di sotto di Venditti, io ero niente e Venditti era il grosso cantante. Quindi reagii, come avrebbero reagito molti, dicendo be', ma insomma: chi cazzo sei?
[in *Francesco de Gregori – Un mito*, di Michelangelo Romano e Paolo Giaccio, Lato Side, 1976]

Il primo disco, THEORIUS CAMPUS, l'abbiamo fatto insieme. Poi Francesco ne ha inciso un altro con De André. Loro avevano un linguaggio più letterario, io andavo direttamente al cuore delle cose. E partecipavo alle lotte di persona, non solo con le canzoni; sfilando nei cortei, tenendo concerti in fabbrica. Per questo De Gregori e De André mi in-

> vidiavano e nel contempo mi disprezzavano [...]. Sono d'accordo con De Gregori: siamo stanchi di essere usati dalla politica. Di cantare per le sorti altrui. La differenza tra noi è che Francesco è stato redento, mentre io non sono organico a nulla.
> [Antonello Venditti intervistato da Aldo Cazzullo nel «Corriere della Sera» del 27 marzo 2005]

> Con De Gregori ci vediamo ogni tanto: siamo fatti della stessa pasta.
> [Antonello Venditti intervistato da Mario Luzzatto Fegiz nel «Corriere della Sera» del 5 marzo 1999, a tre giorni dal suo cinquantesimo compleanno]

Antonello e Francesco. Francesco e Antonello. Se parli dell'uno, è difficile che non parli dell'altro, e viceversa. Ma anche loro – come abbiamo visto – parlano spesso dell'uno e dell'altro: bene, male, così così. E non ne parlano solo, ne scrivono e ne cantano. Prendiamo RIMMEL, che esce nel 1975 ed è il terzo album di De Gregori, dopo ALICE NON LO SA, del '73, e l'ellepi omonimo del '74 (escludendo le collaborazioni con Fabrizio De André nei dischi CANZONI, del '74, e soprattutto VOL. 8, uscito nel '75).

I testi suscitano emozioni diverse. Su «Linus», Giaime Pintor scrive che i versi di Francesco sono così ermetici "che le sue parole non si aprono a nessuna interpretazione", mentre la pensa in modo diametralmente opposto la cantautrice Giovanna Marini, che tanti anni dopo, nel 2002, registrerà insieme a De Gregori IL FISCHIO DEL VAPORE, un album di canzoni popolari e di lotta. Secondo Marini, Francesco «ha dei testi molto difficili, non mi stupisce che all'epoca in cui è uscito nessuno ci capisse niente. Ma lui non faceva calcoli, lui diceva quello che doveva dire. Aveva bisogno di raccontarti la sua anima per salvarla. C'era moltissima libertà nei testi e anche nella musica». In effetti, se Pintor è impietoso, Marini non ha torto. Proviamo a leggere il testo di *Quattro cani*, vocalmente impreziosita dalle svisate di Lucio Dalla, un artista e un uomo oltretutto importante per le vite e le carriere di entrambi, Francesco e Antonello, Antonello e Francesco.

Quattro cani per strada
il primo è un cane di guerra
e nella bocca ossi non ha e nemmeno violenza
vive addosso ai muri e non parla mai
vive addosso ai muri e non parla mai.
Il secondo è un bastardo
che conosce la fame e la tranquillità
ed il piede dell'uomo e la strada
ogni volta che muore gli rinasce la coda

Anche se De Gregori non ha mai confermato, il cane di guerra dovrebbe essere lui in persona, mentre dietro il bastardo si nasconderebbe Venditti. Per quanto riguarda il terzo, anzi la terza, "una cagna" che "quasi sempre si nega / qualche volta si dà e semina i figli nel mondo / perché è del mondo che sono figli, i figli" si è parlato – senza troppo badare al politicamente corretto, anche se all'epoca forse non usava – di una collega che proprio quell'anno aveva inciso un pezzo di Francesco (*Mercato dei fiori*) e uno di Venditti (*Le tue mani su di me*) nell'album INCONTRO: Patty Pravo. Il quarto cane, quello che "ha un padrone / non sa dove andare, comunque ci va / va dietro ai fratelli e si fida / ogni tanto si ferma a annusare la vita, la vita", sarebbe per finire il musicista, arrangiatore e produttore Italo "Lilli" Greco.

Ma se *bastardo* potrebbe essere anche un epiteto amichevole, molto meno *friendly* risulta il testo di *Piano bar*: se davvero è Venditti, la cattiveria di Francesco non ha niente da invidiare a quella di John Lennon quando dà del dormiglione a Paul McCartney in *How Do You Sleep?*. Nel brano, che secondo il critico Paolo Vites "ricorda per la sua struttura certe cose di Elton John tipo *Daniel*" (www.jamonline.it del 18 maggio 2007), si racconta di un "uomo di poca malinconia" che "nella punta delle dita" ha "poco jazz" e "vende a tutti quel che fa", "solo un pianista di piano bar" che suonerà e canterà "fin che lo vuoi sentire".

È davvero Venditti questo musicante? Dopotutto De Gregori aveva già dedicato ad Antonello e al suo piano un paio di versi nella canzone

Marianna al bivio, in ALICE NON LO SA, però traboccanti di stima: "La montagna era stregata / da un poeta che suonava il pianoforte". È Francesco in persona, nel 1979, a spiegare la genesi di *Piano bar* alla giornalista di «Boy Music» Serena Iannicelli: «La canzone è nata alle quattro del pomeriggio all'Hilton di Roma. Avevo un appuntamento di lavoro e mentre aspettavo mi sono messo a girellare. In una saletta ho trovato un tizio che suonava il piano, completamente fuori dal tempo».

Enrico Deregibus, nel suo libro *Quello che non so, lo so cantare* (Giunti, 2003), aggiunge:

> L'identità del pianista è stata oggetto di interpretazioni errate. Di solito lo si individua in Antonello Venditti, ma in questo c'è lo zampino di De Gregori: «Quando ho fatto sentire RIMMEL, che doveva ancora uscire, ad Antonello, mi disse che faceva schifo, tranne *Piano bar*. Allora gli ho detto che era dedicata a lui». «Erano battute fra amici», conferma Venditti. «Non è vero niente, è solo leggenda. Poi se arriva qualcuno e ci fa un libro è chiaro che la storia rimane diversa». Chi di spada ferisce eccetera, ma per favore smettiamola di dire che *Piano bar* è dedicata a Venditti.

Va bene, smettiamola, tanto la verità non si saprà mai. Continuiamo, invece, con le scatole cinesi delle citazioni. Così scriveva Ivano Rebustini, molto più di un mio omonimo, nella recensione di SOTTO IL SEGNO DEI PESCI (www.rockol.it, 11 maggio 2003), il primo album inciso da Venditti per la Philips dopo aver lasciato nel 1976 la Rca:

> È il 1978: sei anni sono passati dal Folkstudio e THEORIUS CAMPUS, signore aquilone e signore che bruciano, sore Rosa e *Roma capoccia*, e le strade di Antonello Venditti e Francesco De Gregori si sono divise, a posteriori possiamo dire per sempre, se si esclude qualche cortesia per gli ospiti. Entrambi reduci dalle loro brave contestazioni (prima del '78, come sanno anche i bambini, c'è stato il '77), Anto è un cantautore di successo nazional-popolare che deve ritrovarsi, Fra un cantautore meno popolare dal crescente successo.

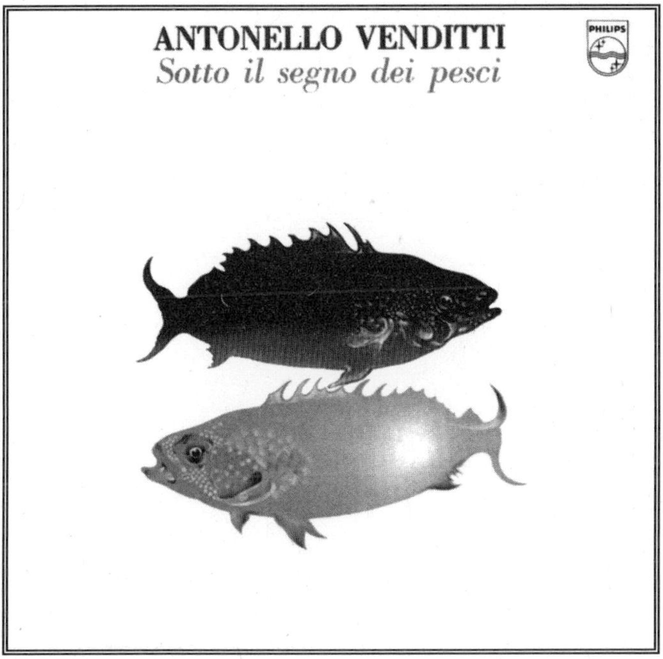

Un mese dopo l'uscita del nuovo album di Venditti, Francesco – che nel 1976 aveva pubblicato BUFALO BILL – farà uscire l'album DE GREGORI, quello con *Generale*.

"Bastardo" o "pianista di piano bar", o tutt'e due le cose o nessuna, Venditti – che pure non le manda a dire, e il giornalista di «Ciao 2001» Enzo "Penna a sfera" Caffarelli ne sa qualcosa – non aveva mai risposto a De Gregori con parole e musica. Lo fa in SOTTO IL SEGNO DEI PESCI, ma forse non è una risposta, è semplicemente una lettera a un amico.

Scusa Francesco
se ti ho rubato
rubini puri dalle tue tasche
scusa Francesco
se ti ho rubato

la cioccolata dalla tua bocca
scusa Francesco
mi hanno ingannato
mi hanno portato via i ricordi
come se il tempo
fosse uno schiavo e noi
due aquiloni strappati
che non volano più Francesco
scusa Francesco proviamo ancora
e con le ali spezziamo il filo
come se il tempo fosse un destino e noi
due bersagli lontani che non cadono più
Francesco credi Francesco
possiamo ancora suoniamo
ancora l'ultima volta
senza rimpianti, senza paura
come due amici antichi
e nient'altro di più di più di più

Ritroveremo qualche eco delle parole di *Francesco* nella *Donna cannone* del 1983: "due aquiloni strappati che non volano più", per Venditti; "e senza fame senza sete e senza ali senza rete voleremo via", per De Gregori. Ma forse sono solo suggestioni, e del resto la "madre di tutti gli aquiloni" è senza dubbio *Signora aquilone* di Francesco in THEORIUS CAMPUS. Qualche nota, invece, richiama *La leva calcistica della classe '68*, scritta da De Gregori nel 1980 e uscita due anni dopo su TITANIC. Questa canzone, peraltro, deve molto, moltissimo a *The Greatest Discovery*, un brano del 1969 di Elton John, proprio l'artista preso a modello da Venditti sia come pianista, sia come cantante agli inizi di carriera, tant'è vero che per gli arrangiamenti dell'ORSO BRUNO – curati da Vince Tempera – si sono sempre scomodati il nome e il cognome di Paul Buckmaster, arrangiatore del musicista britannico nei primi anni Settanta. Se poi volessimo chiudere il cerchio, ecco servito su un piatto d'argento *L'ingresso della fabbrica*: la terza traccia dell'ORSO BRUNO, firmata da entrambi, inizia proprio con una citazione di *Your Song* di Elton John. "Firmata da entrambi": e a chi pensava che quella canzone sarebbe stata l'ultima, arriverà non certo puntuale, ma forte e chiara, la smentita.

Sono Antonello e questo è mio fratello
sono Antonello e questo è mio fratello
il mio miglior nemico
il mio peggiore amico
sono Antonello e in verità vi dico
non è importante credere a quello che credi
non è eccitante avere quello che possiedi
e piangere di gioia
e ridere di noia

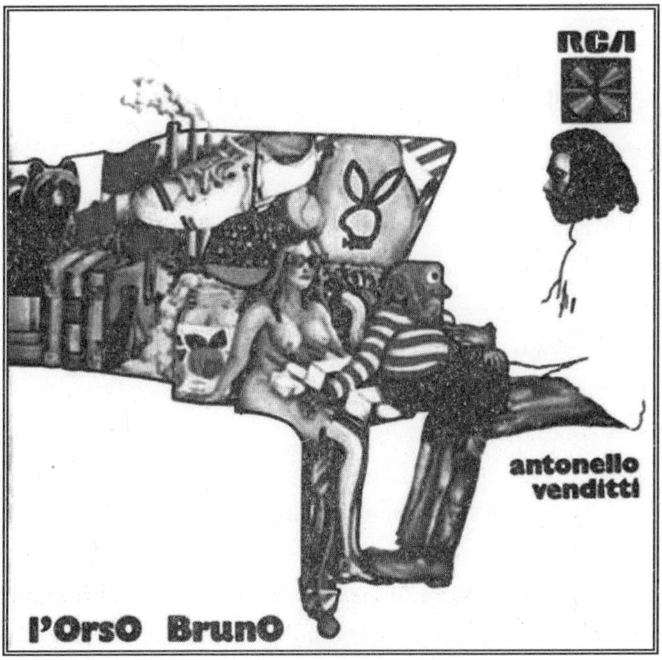

col mal di mare e una barca di mille metri
aspetterò fino a che viene domani
tanto lo so che mi chiami
aspetterò fino a che viene domani
tanto lo so che mi chiami

È il 2003, e Antonello Venditti pubblica il suo nuovo album di inediti, a quattro anni di distanza dall'uscita di GOODBYE NOVECENTO. S'intitola CHE FANTASTICA STORIA È LA VITA, e a riprova di quanto la vita possa essere fantastica, dopo un inizio "anticipatore" nella prima strofa della title track – "Mi chiamo Antonio e faccio il cantautore / e mio padre e mia madre mi volevano dottore / ho sfidato il destino per la prima canzone / ho lasciato gli amici ho perduto l'amore / e quando penso che sia finita / è proprio allora che comincia la salita / che fantastica storia è la vita" – arriva il duetto incredibile, quello con Francesco. Testo di De Gregori, musica di Venditti, al sax un grandissimo come l'argentino Gato Barbieri, la canzone è uno scherzo, ma uno scherzo riuscito.

Sono Antonello angelo in mezzo al fuoco
sono Antonello diavolo in fuorigioco
e come il diavolo suono il violino
e a viso aperto ti verso il vino
e sotto al tavolo faccio piedino a quella che sta con te
sono Antonello e questo è mio fratello bello
sono Antonello e sono questo e pure quello
e chiamami stasera ma non aspettarmi stasera

Francesco e Antonello registrano anche un video: vecchie immagini in bianco e nero, De Gregori che canta con le cuffie, Venditti che prima accenna qualche passo di danza e poi palleggia non proprio come Totti, il sassofono di Gato, un pisolino in automobile, risate, il compositore Nicola Piovani, il pianoforte bianco, la sigaretta (Venditti) e il sigaro

(De Gregori), l'attrice Claudia Gerini, didascalici telefoni. Così è (se vi piace), verrebbe da parafrasare Pirandello. E se non vi piace, c'è sempre *Buonanotte fratello*, la canzone (di De Gregori, da ALICE NON LO SA) che i due cantano insieme, dal vivo, il 2 settembre del 1974 nell'ambito del Festival dell'Unità di Bologna; il concerto, al quale presero parte anche Lucio Dalla e Maria Monti, è documentato nel doppio Lp, poi unico Cd, BOLOGNA 2 SETTEMBRE 1974 (DAL VIVO). E sarà anche vero che la canzone è dedicata a Giorgio Lo Cascio, ma ascoltare i due che chiudono cantando con grande trasporto "Buonanotte fratello, buonanotte fratello con amore" ti fa dire – almeno in questa occasione – che "ci vorrebbe un amico" è un pensiero superfluo.

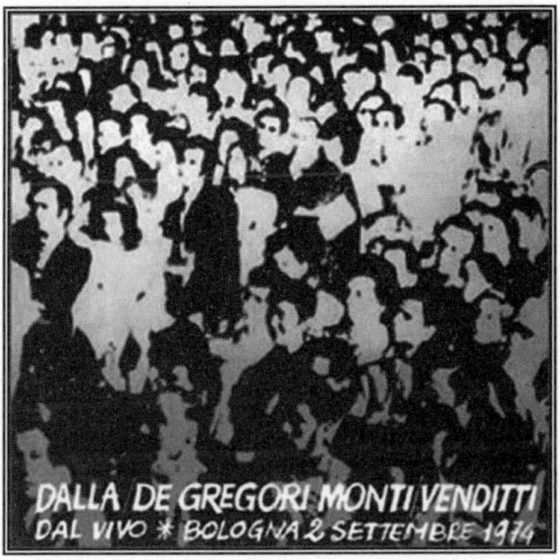

6. Mister Fantasy e Penna a sfera

Ha condotto in radio e tv *Per voi giovani*, *Popoff*, *Mister Fantasy* e *Mediamente*. Ha conosciuto, fotografato e raccontato i grandi della scena musicale nazionale e internazionale, dai Rolling Stones a Bob Dylan, da Bennato ai Genesis, da Bob Marley a David Bowie, da Venditti ai Talking Heads. Ha dato voce a una generazione alla scoperta del rock, dei primi concerti di massa, del punk, una generazione che ascoltava i cantautori italiani come le voci della scena newyorkese. Carlo Massarini, sessant'anni, è anche l'autore di *Dear Mister Fantasy*. E proprio parlando del suo libro con Marco Bercella e Davide Sechi, nel corso di una puntata del programma radiofonico *Blah Blah Blah – OndaRock On Air*, in onda sulle webfrequenze di Streamradio, Massarini ha ricordato la "singolar tenzone" tra Antonello Venditti e il giornalista di «Ciao 2001» Enzo Caffarelli, culminata nel 1975 nella pubblicazione del brano *Penna a sfera* in LILLY. Quella che segue – intervallata dai versi di *Penna a sfera* – è la trascrizione del racconto di Massarini, arricchita da una breve intervista rilasciata dal giornalista e conduttore radiofonico e televisivo appositamente per questo libro.

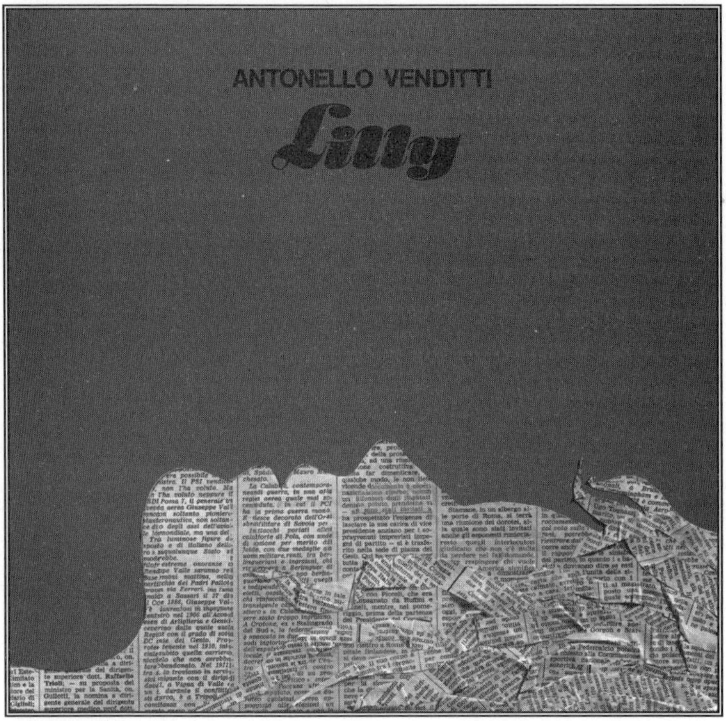

La storia è questa: Enzo Caffarelli era il giornalista principale di «Ciao 2001», in quel periodo l'unico settimanale sul mercato a fare la differenza quando si trattava di lanciare o bocciare un artista. Era una sorta di tenaglia: «Ciao 2001» da una parte e *Per voi giovani* e *Popoff* dall'altra erano i due medium – carta stampata e radio – che potevano decretare il successo di un artista o l'indifferenza nei suoi confronti. Credo che tutti noi facessimo il nostro lavoro con molta onestà, anche se naturalmente ognuno ha i suoi preferiti e quelli che gli stanno un po' sulle palle. Bisogna sapere che Venditti – il quale cominciava ad avere un certo qual successo – era chiamato amichevolmente da tutti "il Cicalone", perché parlava sempre: come la cicala continua a frinire, lui non stava mai zitto. E parlando parlando parlando (va detto che in quei tempi Antonello era molto più giovane e quindi più irruento, meno saggio e anche, per certi versi, meno paraculo), ne diceva di cotte e di crude, tutto e il contrario di tutto. In quel momento, poi, aveva un problema: era comunista e faceva canzoni.

Apriamo una parentesi. In quegli anni – stiamo parlando del periodo tra il 1973 e il 1976 – c'era una fortissima connotazione politica nella musica italiana: i cantautori si dividevano in impegnati e no, e il novanta per cento era impegnato, anche perché in caso contrario saresti stato fuori mercato. C'era una sorta di conformismo di sinistra per cui se le persone facevano musica, dovevano essere impegnate; questo anche in funzione del "Movimento" tanto caro – per fare un nome – a Finardi, che vi si identificò fino in fondo, al cento per cento, pagandone anche il prezzo quando verso il '79 il "Movimento" si dissolse.

A Roma tutto era vissuto in maniera più morbida, ma comunque Venditti era comunista e ci credeva, ci aveva sempre creduto, aveva scritto canzoni per Berlinguer, e del resto ci crede ancora adesso, a modo suo e con tutti i distinguo del caso. Il fatto è che aveva successo, e per coloro che criticavano i comunisti, il comunismo – anche quello italiano – doveva essere come quello teorico di Marx: quindi tu, cantautore comunista di successo, avresti dovuto mettere i tuoi beni in comune con chiunque. Era un'assurdità allora, lo è adesso e lo era chiaramente anche per Venditti, il quale non poteva non rendersi conto che una cosa è professare un'ideologia di sinistra e una cosa è pretendere che se tu hai successo e come premio di questo successo hai la popolarità e i soldi, li debba dividere con tutti.

Peccato che a Caffarelli questo atteggiamento non andasse bene: quello di «Ciao 2001» era un mondo molto democristiano, oltre a Caffarelli c'erano Insolera e Ferranti, e tutti – quale più, quale meno, Ferranti meno – erano molto bigotti, tanto da diventare un paradosso: se si pensa al rock di quegli anni, selvaggio e all'insegna di "droga, sesso e rock'n'roll", e poi a quei tre giornalisti, a quella triade che scriveva per «Ciao 2001» (poi arrivarono Fiorella Gentile e Maria Laura Giulietti, ma a "comandare" erano essenzialmente quei tre), ti vien da dire che avresti potuto trovarli a una riunione di «Civiltà Cattolica», ma non a un concerto rock. Erano molto, molto borghesi, molto perbene, erano trasgressivi quel minimo che ti bastava per scrivere una cosa credibile su un giornale come «Ciao 2001», ma in realtà trasgressivi non lo erano proprio per nulla.

Penna rossa, penna gialla,
penna bianca, penna nera
per gli amici
solamente penna a sfera
il tuo nome è diventato una bandiera.
Tutto comincia in un verde mattino
due brioches e un cappuccino
e poi di corsa trafelato giù al giornale
e questa volta certamente
per un colpo sensazionale
si tratterebbe di spubblicare
questo dice il direttore
un onesto e benvoluto cantautore
tanto per non fare un torto al professore
solo due fotografie magari in primo piano
mentre fa pipì oppure fa l'indiano
ma l'importante è calcare molto la mano

Avevano buon gusto musicale, questo sì, ma non erano di quella parrocchia un po' rockettara come la nostra di *Per voi giovani* e *Popoff*. Quindi, loro avevano questo atteggiamento nei confronti del comunista dichiarato che guadagnava: la vedevano come un'eresia. E, paradossalmente, la vedevano esattamente come gli autonomi, era questa la cosa bizzarra: Venditti era scavalcato sia a destra, sia a sinistra. A giudizio degli autonomi, un artista non poteva essere semplicemente tale, ma gli si chiedeva di diventare una sorta di "impiegato della Rivoluzione": se da un lato doveva essere perfettamente coerente con gli obiettivi della rivoluzione proletaria, dall'altro non doveva guadagnare, perché i suoi guadagni dovevano essere a disposizione dei "compagni";

a fare le spese di questo atteggiamento fu anche De Gregori, oggetto nel '76 di un "processo pubblico" al Palalido di Milano, con la conseguenza che Francesco smise di cantare per un paio d'anni. Ma se De Gregori rimase traumatizzato, Venditti s'incazzò di brutto: Antonello è una bestia, è uno cattivo se vuole, molto deciso sia a parole, sia fisicamente. E così si ribellò a questo stato di cose. Un episodio simile a quello capitato a De Gregori successe anche a lui, nel 1977, al Palalido, ma ancora un po' e *je menava*. Venditti agli autonomi, intendo.

Poi parlarono di soldi,
ragione della sua vita,
centomila più le spese di trasferta
e tutto il resto a sua discrezione personale
penna rossa, penna nera prese a volo un taxi
e le due civette con i flash alle calcagna
e arrivarono alla reggia del cantautore
non c'erano carri armati né polizia privata
fu facile penetrare nel giardino
ma nella notte il destino
stava tendendo un tranello
penna a sfera decise di agire
si tramutò in un albero di mele
Pollicino e il Gatto con gli stivali
del cantautore,
del cantautore nemmeno l'ombra
telefonò in tutti gli alberghi
e perfino nel piano bar
pensando che stesse bevendo ancora
una coppa di champagne.
Il cantautore era al Milite Ignoto

Due anni prima, aveva scritto *Penna a sfera* per sottolineare l'ipocrisia dei Caffarelli, che secondo Antonello gli avevano teso una specie di trappola, quasi un'esecuzione di Venditti a mezzo stampa. Lui scrisse questa canzone, e andò a finire che non si parlarono quasi più: da quel momento in poi furono solo odio e indifferenza [*a onor del vero, almeno in un'occasione Enzo e Antonello ripresero a parlarsi: fu in un'intervista per il numero del 28 giugno 1981 di «Music», una rivista del Gruppo Leti che editava fra gli altri «Ciao 2001», N.d.A.*]. Curiosamente – e non l'ho messa nel mio libro, sbagliando – possiedo una fotografia di Venditti e Caffarelli che giocano a pallone (ci giocavo anch'io, con loro) risalente agli anni immediatamente precedenti, 1973-1974, quindi poco prima del "fattaccio", e per la cronaca erano entrambi non due calciatori cattivi, ma due cattivi calciatori. Comunque, per Venditti *Penna a sfe*ra fu non il classico sassolino, ma un pietrone che si levò dalla scarpa.

Penna rossa, penna gialla,
penna bianca, penna nera
per gli amici
solamente penna a sfera
il tuo nome è diventato una bandiera.
Sono il re dei festivals,
delle feste padronali
delle crociere promozionali,
dei giornali musicali
qui c'è sotto,
qui c'è sotto un tradimento, tradimento
decise di rilassarsi i nervi
alla prima di un film qualsiasi
dove tutti lo aspettavano
perciò non c'era rimasto nessuno
ferocemente gridò nel buio: «Stampa!»
il film era molto brutto
ma degno di tre pallini
ma segno indiscutibile

di una stampa libera ed obbiettiva
lui si sentì un fallito
andò in via del Campo Marzio
a comprare una pistola
e poi ancora giù di corsa al suo giornale
e certamente questa volta
per un colpo sensazionale

L'anno dopo toccò a Francesco Guccini, che scrisse *L'avvelenata* prendendo di mira Riccardo Bertoncelli, il quale aveva recensito su «Gong» STANZE DI VITA QUOTIDIANA, scrivendo in sostanza che era fondamentalmente un disco orribile, che Guccini si buttasse nel fiume e comunque la smettesse di fare dischi perché non era più capace, cambiasse mestiere, aprisse una fiaschetteria e lasciasse perdere. E Guccini non gli fa una telefonata per dirgli «A stronzo, falla finita», ma gli risponde con una canzone. Insomma, prende il via – com'era stato nel caso di Venditti e Caffarelli – uno di quei meravigliosi episodi degli anni Settanta che vedono artisti e giornalisti parlarsi via opera e non in privato o in una conferenza stampa. Fa parte di quei tempi, ed è anche una bellissima memoria, il livello era molto alto, niente a che vedere con le cose che succedono ai giorni nostri, con quello che va in televisione e dice «stronzo» a un altro e l'altro reagisce. Polemiche di basso livello, a fronte di quelli che erano veri e propri epistolari. Uno fa un disco di un certo tipo, l'altro pubblica una recensione contro, il primo gli risponde con una canzone nel disco successivo: è una maniera nobile di mandare affanculo uno che ti sta sulle palle.

Direttore direttore smettiamola
di fare la farsa
non sono nato per fare il servo o lo spione
e fino a prova contraria
sono un grande scrittore
e la pistola fece clic

come tutta la sua vita
quattro anni sono lunghi
da passare in galera
anche con la solidarietà
della stampa intera
penna rossa, penna gialla,
penna bianca, penna nera
per gli amici
solamente penna a sfera
il tuo nome,
il tuo nome è diventato una bandiera

Cosa aveva scritto Enzo Caffarelli

"Tracciamo un profilo del celebre cantautore romano facendoci illuminare dalla sua intervista: il successo delle sue canzoni e il suo posto nel quadro delle esperienze dei cantautori italiani". E ancora: "Un incontro a Rimini, all'Hotel Belle Vue, protagonisti Antonello Venditti, Francesco De Gregori, Enzo Caffarelli": così era presentato su «Ciao 2001» l'articolo di Enzo Caffarelli intitolato *Canzoni, e un po' di champagne*, al quale Venditti rispose con la canzone *Penna a sfera*. Quello che segue è il testo del servizio, pubblicato nel 1975.

Antonello riassume in sé le contraddizioni del cantautore italiano anni Settantacinque. Adesso alterna ai Festival dell'Unità e ai concerti gratuiti nelle piazze, le aristocratiche balere rivierasche. Nel rigore del suo marxismo spiega che è giusto così, che è logico e necessario portare i suoi problemi, la propria lettura e interpretazione della realtà sociale che ci circonda a un pubblico diverso dal solito, magari svogliato e disattento, abituato ad altri discorsi, smanioso di ballare. Opportunismo tattico o compromesso con il sistema? Il fatto è che rischia di trovarsi tutti contro. Alcuni fan lo accusano di imborghesimento, lo rinnegano. Gli avversari non aspettano altro per tacciarlo di ipocrisia.

Così nella prima estate "romagnola", trascorsa presso i centri che per tradizione in questa stagione divengono la capitale della musica italiana, Antonello ha pernottato in alberghi superlusso, ha girato con la fiammante Citroën che ha rimpiazzato la sgangherata Volkswagen di un tempo, è apparso con la fidanzata su giornali semiscandalistici. Ma ha anche trovato il tempo di dirmi che non è possibile che un suo disco costi 5.000 lire, che la battaglia contro le case sarà dura ma porterà a risultati positivi, che insomma qualcosa sta cambiando, che i cantautori sono tutti uniti in tal senso, che i giovani stiano tranquilli e continuino a sperare. Intanto per andarlo a vedere si paga 3.000 lire. «Ma qui vengono solo i figli della media borghesia», rassicura Venditti, «gli operai non hanno soldi, loro mi ascolteranno ai festival gratuiti o nei teatri di periferia».

Rimini, Hotel Belle Vue. Categoria: lusso. Una stanza doppia, tutto escluso, lire 38.000 a notte. Nel registro dell'hotel, accanto ai molti comm. (commendatore) ci sono i loro nomi, De Gregori comp. Francesco, Venditti comp. Antonello.

Comp. sta per compagno.

Nella grande hall bevono e giocano a carte, progettando di tornare insieme per una tournée. Mi vengono in mente le centinaia di facce che hanno da poco terminato di applaudire i loro concerti, Qualcuno ha reclamato a Venditti *Bandiera rossa* e *L'internazionale*. Se potessero, lo dipingerebbero di rosso dai capelli alla punta delle scarpe, e gli metterebbero in testa una falce e un martello, come il bambino con la luna e le stelle della canzone di Cat Stevens. Chiedo ad Antonello cosa risponderebbe se quei ragazzi fossero ancora intorno a lui.

«Credi che non gliel'abbia mai spiegato? Ci ho provato, anche se non riesco a convincerli. Io non sono di quelli che nascondono la macchina di lusso e tirano fuori il sacco a pelo quando è il caso. Mi piace lo champagne e me lo posso permettere. E poi dati gli orari degli artisti, abbiamo bisogno di un posto dove si possa cenare anche alle quattro di notte. Guarda che il marxismo è una cosa, il francescanesimo un'altra», continua Venditti. «Berlinguer va forse in giro con le toppe al culo? E Bob Dylan? Allora tutto sarebbe una contraddizione. Meglio un compagno ricco che un fascista povero».

Ma forse…

«Servo alla mia causa in altro modo», ribatte immediatamente Antonello, «chiedendo compensi a prezzo politico ai Festival dell'Unità. E facendo propaganda alla fede con le canzoni. Non pretendo, anzi, non voglio che una generazione di giovani si identifichi in me. Io sono un artista e faccio il mio discorso. Non si cambia il mondo con qualche canzone. E poi, chi è senza peccato scagli la prima pietra».
È la confessione di un freakkettone, cioè di un "cantautore impegnato", secondo la definizione di De Gregori? Francesco condivide in linea di massima questo atteggiamento. La differenza è che De Gregori di pietre ne scaglia parecchie. E cerca di farsi nemica la stampa per passare da eroe. «È stata una mossa pubblicitaria», gli ribatte Antonello. E non ha assunto lo stesso atteggiamento, aggiungo io, nei confronti della radio, mezzo promozionale notoriamente più potente della stampa.
Abbiamo un breve scambio di idee con Francesco. «Fare il giornalista è una cosa seria. Significa possedere un'arma potentissima. Ricorda che c'è chi è morto con la penna in mano», pontifica De Gregori. Io resto stordito, senza controbattere. Penso che qualcuno, forse, è morto anche con una chitarra in mano. E lo guardo sbigottito mentre gioca a poker e beve champagne all'Hotel Belle Vue di Rimini, categoria lusso, una stanza tutto escluso lire 38.000 a notte, mentre cala il sipario. Ma tutto questo Alice non lo sa.

Tre domande a Carlo Massarini

Tra due cantautori che scrivono invettive in musica ad altrettanti giornalisti che li hanno maltrattati sui loro giornali, e una lite in tv tra Adriano Pappalardo e un tizio di cui si sa solo che lo chiamano Er Mutanda – per fare un esempio calzante *– c'è un abisso. Ma di chi è la responsabilità di questo abisso? Della televisione berlusconiana? Dell'imbarbarimento dei costumi? Dei poveri di spirito e della loro voglia di protagonismo?*

Diciamolo subito: negli ultimi quarant'anni è cambiato tutto, viviamo in un altro mondo. Non solo dal punto di vista della tecnologia, che ha trasformato (parlando solo della musica) le relazioni fra musicisti e fra musicisti e pubblico, le modalità lavorative, il mondo della discografia e della distribuzione on line. È sicuramente cambiata anche la televisione, che è rimasta una gran vetrina, ma ha perso la centralità dell'informazione e dell'intrattenimento. Non è finita, resiste, ma è affiancata da altri media, che ruotano intorno a Internet e alle sue potenzialità. Una volta, se passavi in tv e dicevi o facevi qualcosa, il giorno dopo il paese intero parlava di te. Ora non più, c'è moltissima gente che ignora quello che è successo nel piccolo schermo, magari lo rivede su YouTube come fosse un curioso reperto che non è più "in diretta", ma già parte della memoria. Succede tutto a una velocità decuplicata, che non consente il tempo necessario per metabolizzare ogni cosa. Ma non sono cambiati solo i mezzi di comunicazione, siamo cambiati noi. O almeno, molti di noi. Una volta c'erano meno cose, meno opportunità, meno finestre aperte sul mondo. Questo probabilmente ci faceva assaporare le cose diversamente, più lentamente. E c'era più rispetto, più attenzione per quello che si diceva, per le posizioni che si prendevano. C'era più dignità. Non era un mondo dove "tutto va", dove cambiavi idea da un giorno all'altro. Come il calcio di quarant'anni fa – altrettanto fascinoso, ma che non viveva sui ritmi, l'atletismo, la spettacolarità mediatica di adesso – siamo mutati anche noi, non è chiaro se siamo in grado di tenere dietro al ritmo che dobbiamo vivere. La velocità è pericolosa, se non sai "guidare" bene. Si è guadagnato tanto, ma si è anche perso qualcosa. Sicuramente la televisione ha avuto una parte nel progressivo assottigliamento della tensione emotiva e morale. Ma la tv è come la politica: esprime alla fine chi siamo, o almeno in che direzione va e cosa vuole la massa. La Rai è la fotografia dell'Italia. Lo era allora, pur con il suo essere democristiana, e lo è adesso. L'Italia paese per vecchi, per gente che non vuole cambiare. Una volta si aveva timore e pudore ad apparire, ora è l'ambizione sovrana di ogni giovane (e meno giovane) che cerca una scorciatoia, una vetrina, una "svolta". Una volta era il punto d'arrivo di una professionalità, ora è il contrario: è l'inizio, anche se totalmente privo di professionalità e capacità. Il buon Jackson Browne mi disse: «Non è importante quanto sei popolare, ma perché lo sei».

Ma son passati trent'anni, e la cosa si è invertita. Conta solo farsi vedere, notare, fare colpo. E dato che ormai in tv – per i motivi più svariati – ci vanno tutti o quasi, è chiaro che il rumore di sottofondo si è drammaticamente alzato. Quindi ci può essere un "Er Mutanda" qualsiasi che fa casino: una volta sarebbe stato confinato in un film alla Pasolini, oggi ha diritto di cittadinanza mediatica. Si dirà: «Ma si è democratizzato il sistema, oggi tutti possono tutto». Certo: però, nel bene come nel male.

Facciamo finta che un musicista italiano del terzo millennio indirizzi una avvelenata *a un giornalista. Chi sarebbe il musicista? Chi il giornalista? Quale sarebbe il contenuto della missiva? E scriverebbe una canzone o posterebbe un video su YouTube?*

Ah, chi lo sa. Magari un cantante sanremese, Al Bano è perfetto per il ruolo, contro Assante e Castaldo [*due giornalisti di «la Repubblica», N.d.A.*] che l'hanno un po' deriso nel loro blog in diretta. O un cantante "nobile" maltrattato da qualche giornalista squinzio. Ma ormai tutti sono pronti a un po' di botta-e-risposta mediatica, e tutto può succedere. E poi, ognuno risponde col suo medium: un *old school* tenterà di infilarlo nell'intervista tv o di carta, uno nuovo – dici bene – su Facebook. Vasco lo fa.

Antonello Venditti che si fa riprendere mentre – Ray-Ban scuri con parasole d'ordinanza e Mac portatile – si appresta a rispondere ai messaggi che i suoi fan stanno per inviargli via Facebook è il nuovo paraculismo o la consapevolezza che ormai la partita si gioca sui nuovi media?

Antonello non è il massimo della modernità tecnologica, ma non è che viva su un albero. Come dicevo prima, il mondo è cambiato, non è che far finta di niente ti possa portare da qualche parte. Anche chi non usa la tecnologia ne intuisce il potere. Anche chi non usa Facebook o Twitter sa che è utile, un po' come un videoclip trent'anni fa. È diventato parte – anzi, un'alternativa – alla promozione radio-tv di una volta, e come tale va fatto. E di questi tempi, non ci si può permettere di essere snob e fare il minimo indispensabile. È un'epoca in cui da una parte sono finite vecchie certezze, dall'altra le nuove richiedono capacità di adattamento sconosciute prima. Cambiare per sopravvivere e, possibilmente, prosperare. Vale per tutti, dagli imprenditori ai politici, perché non dovrebbe valere per i cantanti?

7. Quanto sei bella Roma (grazie a Lucio)

È la sera dei miracoli fai attenzione
qualcuno nei vicoli di Roma
con la bocca fa a pezzi una canzone.
È la sera dei cani che parlano tra di loro
della luna che sta per cadere
e la gente corre nelle piazze per andare a vedere
questa sera così dolce che si potrebbe bere
da passare in centomila in uno stadio
una sera così strana e profonda che lo dice anche la radio
anzi la manda in onda
tanto nera da sporcare le lenzuola.
È l'ora dei miracoli che mi confonde
mi sembra di sentire il rumore di una nave sulle onde.
Si muove la città con le piazze e i giardini e la gente nei bar
galleggia e se ne va, anche senza corrente camminerà
ma questa sera vola, le sue vele sulle case sono mille lenzuola.
Ci sono anche i delinquenti
non bisogna avere paura ma soltanto stare un poco attenti.
A due a due gli innamorati

sciolgono le vele come i pirati
e in mezzo a questo mare cercherò di scoprire quale stella sei
perché mi perderei se dovessi capire che stanotte non ci sei.
È la notte dei miracoli fai attenzione
qualcuno nei vicoli di Roma
ha scritto una canzone.
Lontano una luce diventa sempre più grande
nella notte che sta per finire
e la nave che fa ritorno,
per portarci a dormire.

Il testo di una canzone di Lucio Dalla per introdurre il capitolo che s'intitola come un verso della canzone più famosa dedicata a Roma da Antonello Venditti: caro lettore, sei libero di pensare che l'autore di questo libro abbia fatto nelle ultime ore il pieno del "vino de li Castelli" celebrato in una delle canzoni popolari romane per eccellenza, *La società de' li magnaccioni*. Niente di più falso: la canzone di Dalla – il cui testo ho trascritto forse anche nella speranza che almeno uno di voi, leggendo, si chiedesse come mai questo pezzo di Venditti gli fosse ignoto – è perfetta per raccontare la riscoperta della sua città e forse anche la vera e propria rappacificazione con Roma – e in qualche modo con se stesso – che ha riportato Antonello nella capitale, due anni dopo il temporaneo abbandono. Un ritorno nel quale un ruolo fondamentale ha giocato Dalla, e non è certo un caso se il 21 novembre 2012, nel corso del programma televisivo di Massimo Giletti *Caro amico ti scrivo*, dedicato a Lucio e in onda su Rai 1, Venditti abbia cantato con trasporto proprio *La sera dei miracoli.*

Lucio Dalla è stato il mio futuro. Ascoltavo un suo disco e pensavo che segnasse la direzione, mi dicevo che con gli anni sarei riuscito a raggiungerlo. È stato così da subito, da quando nel 1971 lo incontrai a Roma nello Studio 38 di Micocci. Io e De Gregori incidevamo THEORIUS CAMPUS e ci colpì la sua libertà, quell'atteggiamento disinvolto, anti-borghese, mantenuto davanti a chiunque. Poteva presentarsi nudo,

> dire o fare cose spiazzanti, non per cercare lo scandalo, ma per cercare se stesso, rispettare la sua natura. Era pazzo, fantasioso, new dada, lungimirante, colto e popolare: Lucio ha portato tutti noi cantautori avanti, come prospettiva mentale. Non si considerava né lo percepivamo come un maestro, credeva nelle affinità elettive, si mostrò da subito un catalizzatore, impazientemente accogliente, i suoi concerti erano una festa di amicizia e di ringraziamento, un fluido rilascio di amore.

Così Antonello Venditti ricordò Lucio Dalla – stroncato da un infarto il primo marzo 2012, a tre giorni dal suo compleanno, celebrato nella celebre canzone autobiografica *4/3/1943* – in un intervento pubblicato sul «Messaggero» due giorni dopo. Venditti poi continuava:

> Alla fine degli anni Settanta, nel mio periodo più buio, mi accolse come un fratello ai suoi concerti. Dopo *Buona domenica* abbandonai Roma e peregrinai per l'Europa. Ero completamente solo, senza casa, senza moglie [*Venditti si era separato da Simona Izzo durante la realizzazione dell'album, N.d.A.*] e per giunta in crisi economica. Soffrivo di giramenti di testa e strane tentazioni suicide. Non avevo coscienza di quello che ero, avevo perso ogni punto di riferimento, Lucio se ne accorse e mi ospitò in molte sue date. Siccome avevo paura di presentarmi in pubblico, utilizzavo il suo palco per potermi esprimere senza la responsabilità di un intero concerto. Smussava tutti gli angoli ai miei problemi e mi aiutò a tornare a casa, essendo lui quasi più romano di me. Amava questa città, ci visse fino agli anni Ottanta, per scelta non per necessità, scantonava fra i vicoli col naso verso le stelle e collezionava le monete pescate nel Tevere.

Non solo: una delle più note canzoni di Antonello Venditti forse non avrebbe visto la luce (compresa quella dei riflettori dello stadio Olimpico…) senza l'apporto di Lucio. La canzone è *Grazie Roma*:

> L'accelerazione per la mia risalita avvenne in autostrada. All'altezza di Bologna affiancai una Jeep e mentre la sorpassavo mi accorsi che dentro c'era Lucio. Stava seduto sul portellone posteriore, abbassato

come un ponte levatoio, e da lì osservava il panorama. Mi fece cenno di fermarmi. Sapeva bene che stress fosse per me vivere da pellegrino, avanti, indietro, senza un posto dove appendere il cappello, e mi avvertì che a Roma aveva scattato le foto per il nuovo disco in una casa vicino alla sua, tra i vicoli di Trastevere, bellissima e in vendita. Disse: se fossi in te chiamerei la proprietaria. Ora.

Detto, fatto:

Girai alla prima svolta e da Bologna sfrecciai verso Roma. Mancavo da due anni. Ad ogni chilometro prendevo più coraggio per porre fine al mio esilio. Il primo a mettere piede nella nuova casa [*che il cantautore avrebbe in seguito "passato" al figlio Francesco Saverio, N.d.A.*] fu il vecchio pianoforte Anelli su cui avevo composto *Sora Rosa*, con i tasti laterali bruciati dalle sigarette. Dopo entrai io, staccando il primo passo fuori dal pantano. Guardai i tetti della mia città, gli stessi che avevano ispirato *La sera dei miracoli* a Dalla [è contenuta nell'album DALLA, pubblicato nel 1980, N.d.R.]. Poggiai i polpastrelli sui tasti del pianoforte e uscì *Grazie Roma*. Scoprii che si può piangere di gioia.

Dimmi cos'è
che ci fa sentire amici anche se non ci conosciamo
dimmi cos'è
che ci fa sentire uniti anche se siamo lontani
dimmi cos'è, cos'è
che batte forte, forte, forte in fondo al cuore
che ci toglie il respiro e ci parla d'amore
grazie Roma
che ci fai piangere e abbracciarci ancora
grazie Roma
grazie Roma
che ci fai vivere e sentire ancora
una persona nuova
dimmi cos'è
quella stella grande grande in fondo al cielo

che brilla dentro di te
e grida forte, forte in alto al cuore
grazie Roma
che ci fai piangere e abbracciarci ancora
grazie Roma
grazie Roma
che ci fai vivere e sentire ancora
una persona nuova
dimme chi è
che me fa sentì 'mportante anche se nun conto niente
che me fa re
quando sento le campane la domenica mattina
dimme chi è chi è
che me fa campa' sta vita così piena de problemi
e me dà coraggio se tu non me vuoi bene.
grazie Roma
che ci fai piangere e abbracciarci ancora
grazie Roma
grazie Roma
che ci fai vivere e sentire ancora
una persona nuova

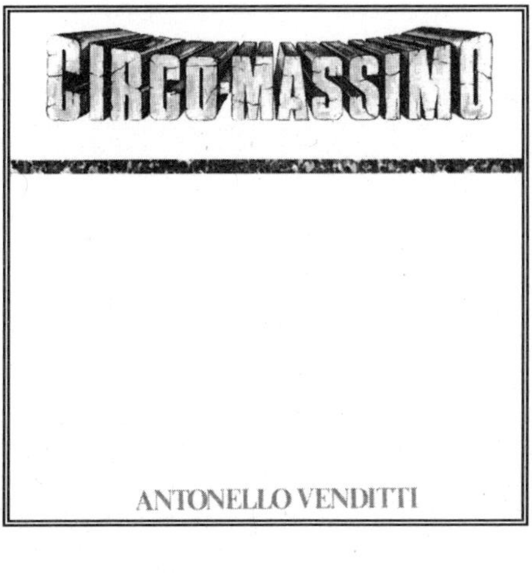

«Il concerto del Circo Massimo, giorno in paradiso 15 maggio 1983, segnò la fine dell'incubo», continua Venditti. «Fu lo scoppio di una galassia d'amore, fui travolto dalla potenza del sentimento della condivisione. Da allora la mia vita è cambiata. Sono diventato aperto, la faccia sempre esposta al sole. Senza Lucio forse non avrei più rivisto la luce di Roma». E chissà che non fossero dedicati proprio a Lucio questi versi di *Grazie Roma*, come suggerisce l'espediente di volgerli al singolare, dopo aver sostituito "Roma" con "Lucio": "Grazie Lucio / che mi fai vivere e sentire ancora / una persona nuova".

Pochi giorni dopo l'uscita dell'articolo sul «Messaggero», giovedì 8 marzo 2012, il giorno del 63esimo compleanno di Antonello, prende il via ufficialmente con un sold out da Roma l'Unica Tour di Venditti: il cantautore lo dedica a Francesco Pinna e Matteo Armellini, i due ragazzi «morti lavorando per la musica» mentre stavano montando il palco rispettivamente di Jovanotti e Laura Pausini. E a Lucio, anche lui morto «lavorando per la musica», dal momento che era mancato nell'hotel Ritz di Montreux dopo essersi esibito nella Stravinskij Concert Hall della cittadina svizzera, patria del rinomato festival jazz. Un anno dopo, il primo marzo 2013, su www.facebook.com/AntonelloVendittiUfficiale, arriva un nuovo ricordo: "Un anno fa partiva da Montesilvano (PE) il nostro Unica Tour", scrive Antonello, e in effetti l'inizio vero e proprio della tournée era stato l'anteprima nel Pescarese, un concerto affrontato con la morte nel cuore, dal momento che l'amico Dalla non c'era più da poche ore. "Da allora ti ho portato sempre con me, caro Lucio… come un fratello, nella mia valigia… Li hai visti tutti i miei concerti quest'anno e qualche volta sono convinto che hai cantato insieme a me! Continueranno, lo sai? Unica Tour deve continuare… per Te, per me, per voi, per noi! Da qui giù! Antonello".

Due marinai a Napoli

Questo episodio merita di essere raccontato a parte, ma è perfetto inserito proprio qui, in coda al capitolo dei ringraziamenti a Lucio Dalla e a Roma.

Napoli, piazza del Plebiscito, 5 luglio 1996: Antonello Venditti è il protagonista del concerto-spettacolo *Te voglio bene assaje* (scritto da

Lucio con Francesco Freyrie e Daniele Sala, l'evento è trasmesso in diretta su Raiuno). Accanto a Venditti ci sono l'israeliana Noa, il brasiliano Chico Barque de Hollanda, il napoletano Roberto Murolo e i milanesi Elio e le Storie Tese, "rappresentanti degli stili vocali più diversi ma, nelle intenzioni di Dalla, accomunati da una grande abilità: quella di essere delle voci colte, ma al tempo stesso popolarissime, comprensibili a tutti" («Corriere della Sera» del 25 giugno 1996). Prima dell'esibizione di Venditti, il giornalista Gianni Minà – presentatore della serata insieme a Milly Carlucci – legge una lettera dedicata da Antonello alla città. Una lettera che è quasi il testo di una canzone, e non a caso inizia così:

> Grazie Napoli
> Grazie perché ci sei, bella, fiera, fisica,
> non in cartolina
> grazie per la tua forza, la tua energia,
> la tua voglia di vivere
> grazie per la tua speranza, il tuo modo antico
> e tenace di pensare al 2000
> grazie perché sei diversa, non banale,
> così italiana come sono io
> grazie per le tue lacrime e le tue risate
> urlate in faccia come uno schiaffo al cielo
> grazie per la tua umanità piena di sfrontatezza
> e di mistero
> grazie per le tue voci e i tuoi fantasmi,
> per le tue canzoni, la tua musica, la tua fantasia
> grazie per il tuo diritto di esistere
> a dispetto dei re e col favore dei santi
> grazie per il tuo dovere, per il tuo istinto
> per il tuo infinito orgoglio di esserci
> grande, quando ci devi essere
> grazie per Eduardo, Peppino, Antonio, Pino,
> Massimo e tanti altri mille nomi sconosciuti

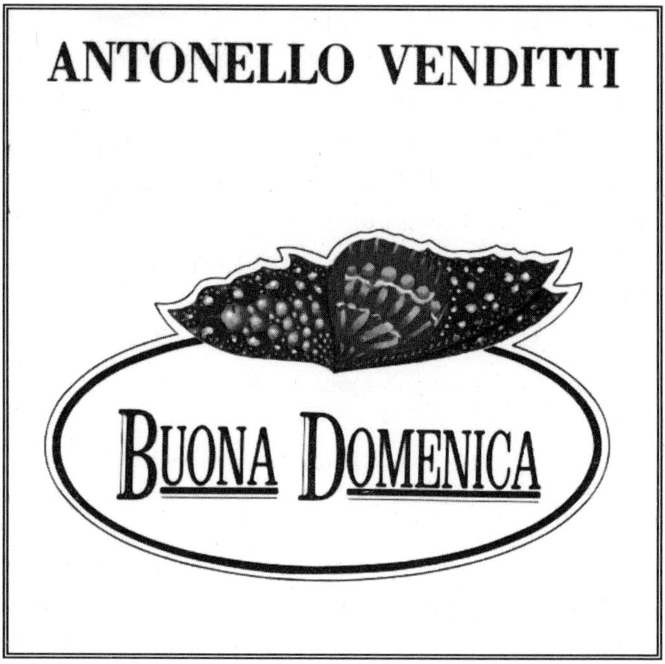

che ti hanno fatta Napoli
grazie per la tua grande piazza Plebiscito
disvelata al mondo e prestata al mio cuore
per una notte
grazie per l'emozione e per questo nodo in gola
che questa notte non mi farà dormire
grazie dal tuo amico

E le sorprese non sono finite. Durante il concerto di Antonello, ecco arrivare le note inconfondibili dell'intro di *Ma come fanno i marinai*, la canzone di Dalla e De Gregori uscita su 45 giri nel 1978 e sul live BANANA REPUBLIC l'anno dopo: è proprio Lucio a suonarle con il suo altrettanto inconfondibile clarinetto, dando il via a un divertente duetto con Venditti, che già aveva in qualche modo omaggiato il brano dei due amici nella sua *Mezzanotte*, in BUONA DOMENICA.

Vento nel vento

Sempre in tema di amicizia in musica, il 7 febbraio 2013 è morto il batterista Marcello Vento, che suonò con Antonello Venditti, oltre che con Albero Motore, Il Canzoniere del Lazio, Carnascialia e Jenny Sorrenti. Il giorno dopo, Antonello l'ha voluto ricordare così nella sua pagina Facebook (www.facebook.com/AntonelloVendittiUfficiale):

> Te ne sei andato senza far rumore, tu che di rumore ne hai fatto tanto... quel rumore era musica e ritmo, che hai dato a tutti noi! Abbiamo diviso il tempo delle mie canzoni e dato il tempo alle nostre vite, quando bastava guardarci negli occhi per cominciare a suonare come una persona sola. ...Ti ricordi *Sara*, *Sotto il segno dei pesci*, *Modena*... chi potrebbe mai credere che in studio eravamo solo io e te, a registrare le basi... e che c'è stato un solo take di quelle canzoni, perché bastava uno sguardo di intesa tra di noi per renderci perfetti. Credo che il tuo modo di suonare, soprattutto in SOTTO IL SEGNO DEI PESCI, rimarrà una pietra preziosa nella storia della musica italiana e nella mia vita. Grazie amico mio di tutto quello che ci hai dato... tutto il resto è nel mio cuore!

8. Una Capitale, tante capocce

C'è una cover band o tribute band (il confine è sottile) chiamata IQBL, acronimo che sta per In questa banda di ladri, che si presenta come "l'unica e sola band in Italia (fuori Roma) che si cimenta per due ore e mezzo di full immersion in brani mozzafiato del mitico Antonello Venditti". C'è un sosia che si chiama Antonello Cuomo, in arte Antonello canta Venditti, con un logo che ricorda certi simboli di liste civetta, nel quale "Antonello Venditti" è scritto a caratteri cubitali e invece "canta" è scritto piccolo piccolo come le clausole vessatorie. Ci sono, ovviamente su YouTube, il video di Riccardo Cocciante che canta *Roma capoccia* nel 2002 al Gran Teatro di Roma; il video di Claudio Baglioni che canta *Roma capoccia* il 25 settembre 2008 a Lampedusa nell'ambito del festival *O' Scià*; il video di Max Giusti che canta *Roma capoccia* con la voce di Pierangelo Bertoli, Pupo, Francesco Guccini, Claudio Baglioni, Al Bano, Pino Daniele, Johnny Dorelli, Umberto Tozzi, Franco Califano e Renato Zero nella trasmissione di Rai Uno *Riusciranno i nostri eroi* del 25 gennaio 2013 (alla fine sul palco arriva Venditti in persona, che finge di dare una microfonata in faccia a Giusti, e forse farebbe meglio a non fingere e dargliela per davvero). E ancora: il video dell'attore (si sente) Claudio Santamaria, che canta *Roma capoccia* a un matrimonio con gli amici Cesare, Carlo e Mimmo; un video sobriamente in bianco e nero della Schola Cantorum che canta – indovina indovinello – *Roma capoccia*; il video in cui Antonello Venditti e Claudio Baglioni, con Alex Britti alla chitarra e un compunto Carlo Verdone alla (seconda) batteria, strapazzano allegramente la solitissima *Roma capoccia* al Live 8 del 2 luglio 2005 al solito Circo Massimo. E fermiamoci qui.

Potrebbe sembrare un po' "dietro *Roma capoccia* il vuoto", e in effetti è proprio così: Antonello Venditti non è un autore particolarmente coverizzato, né dal vivo – a eccezione, come abbiamo visto, del suo pezzo forte, anzi, fortissimo – né in studio. Salvo errori e omissioni, hanno pubblicato sui propri dischi più di una canzone di Venditti la Schola Cantorum, l'immancabile *Roma capoccia* e *Campo de' Fiori* (ma si può dire che giocassero in casa, basti ricordare che uno dei componenti, Edoardo De Angelis, aveva inciso *Sora Rosa* prima ancora di Venditti, con il duo Edoardo e Stelio), e Fiorello, che ha inserito rispettivamente *Ricordati di me* e *Ci vorrebbe un amico* nei suoi VERAMENTE FALSO e NUOVAMENTE FALSO. *Ricordati di me* conta anche una versione *bachata* (nel senso del genere musicale latino-americano originario della Repubblica Dominicana) di Al Sonora, come curiosa è la cover stornellata di *Roma capoccia*, rieccola, cantata da un Claudio Villa incredibilmente minimal. Sono da ricordare anche *Piero e Cinzia* dei Nomadi e *Quando verrà Natale* dei Dik Dik – due gruppi figli entrambi del beat italiano – *Alta marea* (che però già nella versione di Venditti è una cover) di Massimo Ranieri e *Ogni volta* di Gianni Morandi; l'elenco dei cantanti maschi finisce non propriamente in gloria, ma almeno in solidarietà con l'imprenditore e uomo politico brindisino Massimo Ferrarese, che ha inciso per beneficenza *Ci vorrebbe un amico* insieme ad Al Bano.

Le donne, adesso: troviamo due modi diversi di essere "signore della canzone" nelle interpretazioni di Nada (*Dove*) e Ornella Vanoni (ancora *Alta marea*), mentre pure Mia Martini ha cantato due canzoni di Venditti: *Ma quale amore* e *Ruba*. La differenza è che sono state scritte apposta per Mimì (se ne parla nel capitolo *Mimì, l'Irlanda e il petrolio*).

Due canzoni di Venditti anche per Patty Pravo: *Le tue mani su di me* e una superba interpretazione di *Ora che sono pioggia* da QUANDO VERRÀ NATALE, rimasta inedita dal '74 al '93, quando è stata pubblicata nell'album INEDITI 72-78. Ascoltandola da Nicoletta, risulta chiaro anche ai sassi che la canzone è nata per lei:

Ora che son pioggia
e come il mare vado via
che la lunga strada del tempo
io l'ho vissuta
che ho accettato il principio
fino a capire me stessa
che ho odiato ed amato
come tutti del resto
la mia vita
no, proprio non si può dire
che sono stata un modello di fedeltà
di coerenza, di donna candida e smarrita
non sono mai stata il tipo io
di accettare ordini e compromessi
con uomini, con donne e coi santi stessi

Venditti (che d'altro canto fa uno strano effetto sentir cantare "non si può dire che sono stato un modello di donna candida e smarrita") deve averla incisa una volta tramontato il progetto dell'album che il leader dell'Equipe 84 Maurizio Vandelli, all'epoca compagno della cantante, avrebbe dovuto produrre per Patty.

Per quanto riguarda invece le cover "in senso contrario", ricordata *Alta marea* – è la versione italiana di *Don't Dream It's Over* dei Crowded House, che Antonello registrò per BENVENUTI IN PARADISO del 1991 – ecco cos'ha risposto Venditti alla domanda che un fan gli ha rivolto tramite un messaggio privato su Facebook: «Tu non hai mai registrato un album di cover; se lo incidessi e dovessi sceglierne dodici, quali sarebbero?». «L'idea di fare dodici cover di canzoni importanti della mia vita mi è venuta in mente, ma sto ancora decidendo i dodici pezzi», è stata la risposta di Venditti. Chi vivrà, ascolterà.

9. Mimì, l'Irlanda e il petrolio

Se, come abbiamo visto, i dischi altrui non pullulano di cover delle canzoni di Venditti, si possono addirittura contare sulle dita di due mani, con l'avanzo di quattro, i brani che Antonello ha scritto per conto terzi. La prima canzone in assoluto che il cantautore romano ha composto per altri risale al 1971, s'intitola *È la fine della vita*, è firmata Tirone/Aloise/Venditti ed è stata pubblicata sul lato B del 45 giri *Il prete rosso* delle Impressioni, una band trevigiana di rock progressive nella quale militò il futuro chitarrista delle Orme, Tolo Marton; formatasi nella seconda metà degli anni Sessanta, la band ha inciso due singoli per la It, la stessa etichetta per la quale sarebbero usciti nel '72 e nel '73 THEORIUS CAMPUS e L'ORSO BRUNO.

Il mostro sta uccidendo la città
milioni di bambini intorno a noi
perché le strisce e i manifesti della pubblicità
mi sembrano fantasmi che sfrecciano qua e là
È la morte del castello della tranquillità
questo è il prezzo che ti chiede la nostra civiltà

Io sogno il mondo di cent'anni fa
tanto verde e meno aridità
strade, visioni per me

Così canta il tastierista Leonida Ghedin, e nelle parole, col senno di poi, sembra quasi di trovare un'anticipazione del testo ambientalista dell'*Orso bruno*, castello compreso (anche se, nel caso dell'orso, il castello è "di roccia scura"). Continua la canzone:

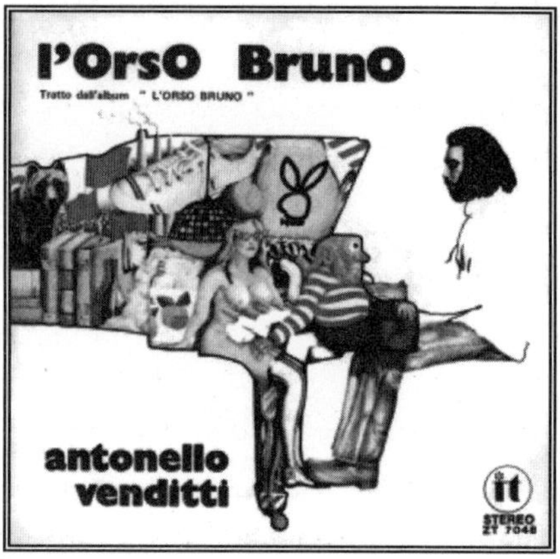

È la morte del castello della tranquillità
questo è il prezzo che mi chiede la nostra civiltà
Le rondini ci implorano pietà
i fiumi sono neri più di noi
forse la nebbia cadrà
È la fine della vita
è la fine della vita
è la fine della vita

E per il momento finisce la canzone, in un tripudio solistico di chitarra e organo.

Nel 1973 tocca a *Biciclette, fiori e nuvole*, scritta per Pier Maria Bologna, che firma il testo insieme – toh – a Francesco De Gregori, mentre la musica è attribuita al solo Venditti, anche se De Gregori avrebbe collaborato con l'amico e collega. La canzone sarà la sigla finale della trasmissione per ragazzi *Aria aperta*, presentata da Bologna insieme a Barbara Cannarsa (è Pier Maria Bologna in persona, intervistato per questo libro, a raccontare in un capitolo successivo com'è nato il brano). Nello stesso anno arriva anche un pezzo per Mia Martini, *Ma quale amore* (l'album è IL GIORNO DOPO), con il testo di Franca Evangelisti, nel quale Mimì fa suo qualche vezzo interpretativo di Antonello. Merita invece di essere raccontata per filo e per segno la storia di *Ruba*, parole e musica di Venditti, della quale si dice che una prima stesura sia stata scritta da un Antonello diciottenne nel 1967; il brano uscirà postumo otto anni dopo la morte della cantante.

Registrato chi dice nel 1973, chi nel 1974, *Ruba* – che oltretutto pare dovesse essere inizialmente inserita nel secondo album da solista di Antonello Venditti, LE COSE DELLA VITA, ovviamente cantato dall'autore – resta sconosciuto nella versione di Mia Martini fino al 2003, quando la Bmg Ricordi pubblica CANZONI SEGRETE, un album che contiene ben diciassette inediti, completato dalla versione francese di *Minuetto* e da una registrazione dal vivo di *Almeno tu nell'universo* a mo' di bonus track. Quanto a Venditti, aveva a sua volta inciso *Ruba* un anno prima, per il disco CHE FANTASTICA STORIA È LA VITA, riprendendola nel 2004 in CAMPUS LIVE. Attenzione, però: la versione di Antonello differisce da

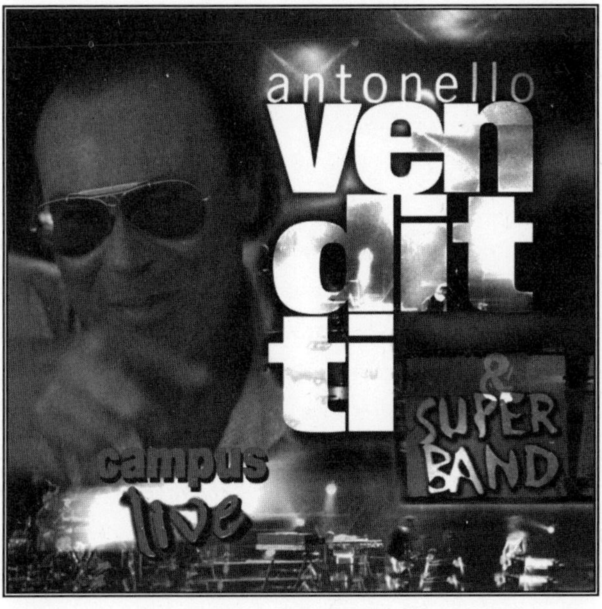

quella di Mimì in un verso: mentre Mia Martini aveva cantato “ruba tutto il sangue dell’Irlanda”, Venditti ha optato per “ruba tutto il sangue ed il petrolio”. Il testo originale, del resto, aveva preso le mosse dalla Bloody Sunday del 1972: la “domenica di sangue” del 30 gennaio 1972, quando a Derry, nell’Irlanda del Nord, l’esercito britannico aprì il fuoco contro una folla di giovani manifestanti per i diritti civili, uccidendone tredici, mentre una quattordicesima morì quattro mesi più tardi per le ferite riportate. Da quei tragici eventi avrebbero preso spunto gli U2 per *Sunday Bloody Sunday* (WAR, 1983) e Paul Greengrass, per il film del 2002 intitolato proprio *Bloody Sunday*.

È un testo particolarmente ispirato, quello di *Ruba*, che la musica asseconda con altrettanta passione:

Ruba il colore della luna
ruba il profumo della rosa
ruba tutto il bene che tu trovi nella strada
e chiudilo nel profondo della roccia
Ruba la miseria di una donna
ruba il coltello dell’amante
ruba tutto il bene che tu trovi nella vita
e chiudilo dentro il cuore dei vent’anni
E se il fucile lo verrà a cercare
amalo finché tu non lo vedrai abbassare

È a questo punto che la canzone prende due strade diverse: “ruba tutti gli alberi del bosco / ruba tutto il sangue dell’Irlanda” per Mimì, “ruba tutti gli alberi del bosco / ruba tutto il sangue ed il petrolio” per Antonello, che ha adattato il verso alla situazione creatasi dopo gli attentati negli Usa dell’11 settembre 2001. Subito dopo, però, la cosiddetta “guerra preventiva” sgombra il campo, e *Ruba* fa ritorno a Derry:

Ruba tutto il male e la fame della gente
e chiudili dentro il cuore dei vent’anni

e se il fucile lo verrà a cercare
amalo tu lo vedrai abbassare
amalo tu lo vedrai abbassare
amalo tu lo vedrai abbassare

Una curiosità nella curiosità: la musica di *Ruba*, con un testo diverso, è la stessa di *Quanno che Roma schiatta*, cantata dall'attrice Adriana Asti e compresa nella colonna sonora del film musicale *Addavenì (quer giorno e quella sera)*.

All'appello mancano ancora due brani: la passionale e appassionata *Eva dagli occhi di gatto* è contenuta nell'album di Milva IDENTIKIT del 1983. Il testo presenta qualche piccolo adattamento al femminile e il finale modificato – "E non chiamarmi amore / quando tu fai l'amore / quando chiudi i tuoi occhi e vai lontano / e poi ritorni ancora piano piano / a guardarlo come uno straniero / Eva Eva Eva il tuo sguardo di gatto, di gatto / bagnato randagio da poterlo scaldare / non vedi son io" – rispetto alla versione che era stata pubblicata nell'81 sul libro *Diventare cantautori*, curato per Lato Side dal compianto Giorgio Lo Cascio, un personaggio che ricorre spesso nella biografia artistica del primo Venditti (questa la prima stesura: "E non chiamarmi amore / quando fai l'amore / quando chiudi i tuoi occhi e vai lontano / e poi ritorni piano piano / fra le mie braccia / Eva Eva Eva / non mi dire che sono invecchiato / non mi dire che sono cambiato / sono solo tornato").

Strade di Roma è infine il frutto della collaborazione tra Venditti, che ha scritto il testo, Michele Zarrillo (che portò la canzone in gara al Festival di Sanremo del 1992, classificandosi undicesimo) e il cantautore Vincenzo Incenzo. Il brano, contenuto nell'album ADESSO dell'ex cantante e chitarrista dei Semiramis, racconta la solitudine di un uomo che trova complicità e conforto nei luoghi della sua città, l'ineludibile Roma:

E chissà tu dove sei stasera, con chi dividerai la mela
chissà tu cosa fai stasera e con chi scioglierai la vela

Ma perché quando un uomo è da solo diventa più vero
che strano pensiero in questa notte che va
tra i sobborghi di antiche ringhiere i mercati le chiese
si è perduto un uomo ma presto rinascerà
la mia anima sbatte nei vicoli come un giornale
che un vento ubriaco trascina stanotte chissà dove va
ma la voglia di vivere ancora mi salverà

10. Pier Maria tra le nuvole

C'è una strada verde che parte da qui
lascia le tue scarpe, infila i blue-jeans
biciclette, fiori e nuvole
lasciamo la tristezza in città
con le mani in tasca, la tua libertà
è una strada verde, chissà dove va
biciclette, fiori e nuvole
lasciamo la tristezza in città

La canzone – "ritmo moderato a carattere rock, discorsiva, attenzione termina in dissolvenza" secondo la scheda contenuta nell'archivio di Radio Scrigno (www.radio.rai.it/radioscrigno) – s'intitola *Biciclette, fiori e nuvole* e si trova sul lato A di un 45 giri pubblicato nel 1973 dalla It di Vincenzo Micocci. Sul retro, come talvolta capitava in quegli anni, la versione orchestrale dello stesso pezzo. Ah, a cantare il brano è Pier Maria Bologna. Bologna, che nella vita ha fatto di tutto – cantante, presentatore, giornalista, autore e consulente Rai – è stato tra i pionieri della radiofonia privata in Italia e si definisce sul suo profilo Facebook "un PSA [*pomodoro secco aromatizzato, N.d.A.*] da tenere sotto vetro e con il tappo ben sigillato... ma, se sviti il tappo, vedi che sorpresa!". E la sorpresa è l'elenco che segue: "I Calipop, Ariaperta, Biciclette fiori e nuvole, Radio Monte Carlo, Girotondissimo, Radio Elle, Nuovo Sound, Gbr, Tgs, Ragazza In, Rai RadioDue, Rai StereoDue, Radio In, Hit Cioè, TopItaliaRadio, Tirradio, Rai International, Raiuno, Raidue".

Domanda legittima: perché in un libro su Antonello Venditti si parla di una sconosciuta canzone cantata da un altrettanto sconosciuto cantante (perdono, Pier Maria)? Il perché è presto detto: questa non è una canzone qualsiasi, ma la prima e finora anche l'unica canzone che Antonello Venditti e Francesco De Gregori abbiano scritto insieme per conto terzi. L'11 gennaio 2003, è vero, Rockol.it scrisse che Antonello e Francesco avevano composto un brano per il nuovo album di Fiorella Mannoia, ma non se ne seppe più niente, mentre a ottobre dello stesso anno la notizia – sempre anticipata da Rockol.it – di un duetto tra Venditti e De Gregori sarebbe stata confermata dalla pubblicazione nell'album CHE FANTASTICA STORIA È LA VITA del 2003 (il primo disco di inediti di Antonello a quattro anni dall'uscita di GOODBYE NOVECENTO) di *Io e mio fratello*, musica di Venditti e testo di De Gregori. E chissà che la canzone composta per Mannoia non fosse quella, magari con il testo cambiato.

Fine della digressione, torniamo alle biciclette, ai fiori e alle nuvole. A raccontarci com'è nata la canzone è proprio lui, Pier Maria Bologna, rintracciato a Budapest, dove da qualche tempo vive con la compagna ungherese, e intervistato via Skype (ebbene sì, questo libro non si è fatto mancare niente, l'unica differenza con un sito Internet è che per il momento i link non sono ancora cliccabili). Prima bisogna però fare un balzo indietro di sette anni, dal 1973 al 1967, quando riscuote un certo interesse la versione italiana del brano dei Rolling Stones *Let's Spend The Night Together*, intitolata *Restiamo ancora insieme*; sul retro del 45 giri inciso per la Parade c'è la cover della canzone che Sergio Endrigo ha presentato quell'anno al Festival di Sanremo, *Dove credi di andare.* A eseguire i due pezzi è il complesso romano dei Calipop, che aveva esordito l'anno prima con il singolo *Al momento dell'addio* (lato B *Credevo*, musiche ufficialmente di Gianni Dell'Orso e testi di Alessandro Portelli, futuro storico, critico musicale e anglista, mentre in realtà l'autore di entrambi i brani, parole e musica, è Giorgio Lo Cascio, componente del gruppo, non iscritto alla Siae). L'etichetta discografica era la Parade, fondata nello stesso 1966 da Micocci, proprio lui, insieme al compositore Ennio Morricone, al cantante Nico Fidenco (*Legata a un granello di sabbia*) e a Carlo Rossi, che aveva scritto per Edoardo Vianello il testo dei *Watussi* e di *Guarda come dondolo.* A produrre la band era Sergio Bardotti, il grande paroliere morto nel 2007, autore con Venditti di *Roma Roma*, l'inno della squadra giallorossa.

«Confesso, il cantante dei Calipop ero io», ricorda Bologna. «I due singoli incontrarono un discreto successo, ma poi a ottobre del 1968 mi toccò partire per il servizio di leva, e quando tornai a Roma, i Calipop non c'erano più, e non c'erano più neanche i loro strumenti, che qualcuno del gruppo aveva pensato bene di rivendere...». Con la fine della band, finisce anche l'attività del cantante beat Pier Maria Bologna. Ma Bologna non si dà per vinto, non abbandona il mondo dello spettacolo ed ecco che lo troviamo ai provini per scegliere i presentatori dell'edizione 1973 di *Aria aperta*, una trasmissione estiva itinerante del sabato pomeriggio nell'ambito della tv dei ragazzi, che più tardi avrebbe cambiato nome prima in *Girovacanze* e poi in *Impresa natura*: «Venni a sapere dei provini da un collega d'università e mi proposi», ricorda. «Il fatto di essere intonato e di saper strimpellare la chitarra mi aiutò a raggiungere l'obiettivo, perché gli autori intendevano far cantare ai ragazzi protagonisti del programma alcune canzoni popolari locali».

Era, *Aria aperta*, un "programma in ripresa diretta da parchi, campeggi, palestre e piscine", spiega un palinsesto Rai dell'epoca, con tanto di edizione speciale invernale, che in questo caso fu trasmessa da Abbadia San Salvatore il 5 gennaio 1974. Pier Maria Bologna si presenta al casting insieme a Barbara Cannarsa (Barbara Marchand, già da tempo animatrice radiofonica della Radio Montecarlo diretta da Noel Coutisson), determinato a prendersi il posto che l'anno prima, in coppia con l'attrice e doppiatrice Angiola Baggi, era stato di un Claudio Lippi già in fase di smarcamento dalla canzone, e nel 1971 addirittura di Raffaele Pisu (l'attore, allora in gran spolvero, lo presentava insieme alla bellissima annunciatrice Rai Emma Danieli).

Per farla breve, la coppia Bologna-Cannarsa piace alla produzione e a Luciano Rispoli, il noto conduttore televisivo che all'epoca era responsabile della tv dei ragazzi, e il posto è suo. Arriva il momento di pensare alla sigla: Pier Maria ha un lampo di faccia tosta e chiede alla produzione se può proporre un brano cantato da lui. Gli dicono di sì, e a questo punto Bologna decide di interpellare il suo vecchio discografico come cantante dei Calipop, Vincenzo Micocci, il quale nel 1970 aveva fondato una nuova etichetta, la It, una sigla che ricorre in molte pagine di questo libro.

C'è una fotografia in bianco e nero del 1972 che ben rappresenta quegli anni: insieme a Vincenzo Micocci si riconoscono fra gli altri un Francesco De Gregori rasato, con i boccoli e un inguardabile pellicciotto; dietro Francesco si vedono Giorgio Lo Cascio e Edoardo De Angelis, in basso a sinistra Rino Gaetano e in fondo, nell'ultima fila, un barbutissimo Antonello Venditti incredibilmente senza occhiali; alla sua destra c'è Michele Mondella, la cui Midas oggi fa da ufficio stampa e promozione sia per Venditti, sia per De Gregori, mentre alla sinistra di Antonello si trova la cantante Wilma Goich, il cui marito e altra metà dei Vianella, Edoardo Vianello, è in piedi dietro a Gaetano.

Comunque sia, Micocci accetta, e propone a Pier Maria di scrivere la sigla di *Aria aperta* con l'aiuto di Francesco De Gregori e Antonello Venditti, che con grande fiuto aveva messo sotto contratto fra il '70 e il '71, insieme fra gli altri a Giorgio Lo Cascio e Rosalino Cellamare (il primo disco pubblicato dalla It fu proprio il 45 giri di *Pa' diglielo a ma'*, la canzone con cui il futuro Ron, non ancora diciassettenne, aveva partecipato al Festival di Sanremo del 1970 in coppia con Nada).

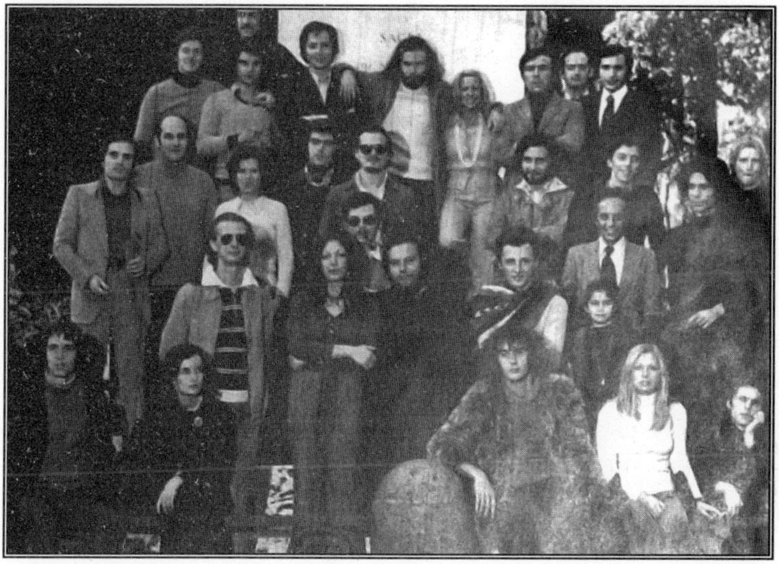

Il terzetto si mette al lavoro: Venditti si occupa della musica, De Gregori del testo. «Io diedi una mano a Francesco per le parole», ricorda Bologna, «mentre sono sicuro che lui a sua volta collaborò con Antonello, anche se alla Siae non risulta». Ingenuamente e genuinamente ecologista ante litteram, la canzone ben interpretava il senso della trasmissione, che vedeva Pier Maria accompagnare "all'aria aperta" con la chitarra le canzoni popolari della regione da dove il programma andava in onda, intonate dai ragazzi delle scuole medie (diretto da Lino Procacci, che era stato nel 1954 fra i primi registi della neonata Rai, il programma era curato da Maria Antonietta Sambati, che proprio nel 1973 pubblicò per Garzanti un libro dedicato, manco a farlo apposta, ai *Giochi all'aria aperta*).

Impossibile trovare in Rete anche solo un mp3 96 kb/s della canzone, che – ricorda Pier Maria – «fu registrata sull'otto piste manovrato da Edoardo Vianello nel suo Studio 38 al Flaminio» (chissà, magari Venditti e De Gregori, in contrasto su tante cose, si sono messi d'accordo per farne sparire qualsiasi traccia, anche se sicuramente una copia non mancherà nell'archivio Rai). A titolo di curiosità, va detto però che sul web *Biciclette, fiori e nuvole* (www.biciclettefiorienuvole.it) esiste: è il nome di un sito che i suoi autori Pino (che si occupa del "come eravamo"), Emanuela ("l'amante dei gatti e dei dolci") e Sandra ("la seguace dei fiori, alla continua ricerca di frasi da ricordare") hanno dedicato a "una canzone del 1973, colonna sonora di una trasmissione televisiva e anche della nostra preadolescenza e legata, quindi, a tempi spensierati, come i papaveri che rallegrano la nostra copertina". A proposito di copertine, quella del 45 giri mostra un buffo personaggio con lunghi capelli bianchi e baffi altrettanto lunghi e altrettanto bianchi, bombetta e occhiali scuri, tight, papillon giallo e leggings ante litteram a strisce bianche e arancio, che pedala tra le nuvole in sella a una sorta di bici-dirigibile, lasciandosi dietro una scia floreale.

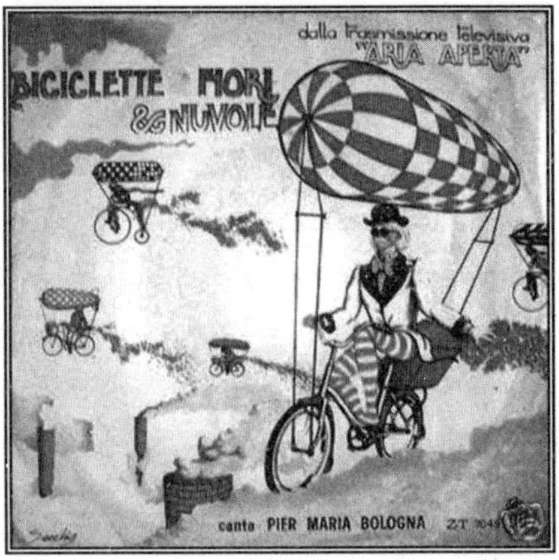

Tornando ai momenti divisi con i due amici cantautori, Pier Maria Bologna ricorda con simpatia De Gregori, mentre di Antonello – dal quale peraltro lo dividevano le opposte convinzioni politiche, ma la stessa cosa ovviamente valeva nei confronti di Francesco – dice di rammentare solo «il Maggiolone nero con il quale si spostava, altro che bicicletta. Era l'unico del giro che potesse disporre di un'auto del genere, ma del resto si sapeva che, comunista o non comunista, era un ragazzo di famiglia agiata. Se li ho rivisti in anni successivi? Venditti una volta a Sanremo, De Gregori l'ho incontrato spesso per strada, dal momento che quando ancora vivevo a Roma, abitavamo vicino. Diciamo che l'atteggiamento di Francesco è sempre stato educato, cortese e amichevole, quello di Venditti sussiegoso e scostante, della serie "io so' io..."».

Riguardo a quel periodo, Bologna – che oggi dall'Ungheria si dedica anima e corpo al suo progetto sul Web chiamato *Tirradeo*, il «primo e unico radiosocialvideo, un po' radio, un po' tv e un po' social» – non aggiunge altro, salvo condividere sul suo profilo Facebook uno stato riguardante un episodio che proprio a quegli anni fa riferimento: "Succede, caro FB, che meditavo sul fatto di non aver pagato una 'commissione' a un dirigente Rai allorché risultai il migliore tra i candidati alla conduzione di *Discoring* nel secolo scorso. Se l'avessi pagata, 'come fan tutti', la mia vita avrebbe preso tutt'altra piega? Chi lo sa? Certo è che chi venne 'scelto' per quella edizione del programma, una certa carriera l'ha fatta... Sono stato coglione anche in quella circostanza? Dimmi tu, dato che sei curioso di sapere i fatti miei".

«Ma in realtà non ho alcun rammarico per la mia esperienza come cantante o come presentatore», conclude, «ho ottenuto molte altre gratificazioni in tv e soprattutto in radio. Se un rammarico c'è, oggi, è legato alla triste vicenda politica e sociale del mio paese e alle prospettive dei giovani, compresi i miei figli. L'Italia è deteriorata dalla disonestà mentale nella quale il furbastro, il riccastro, il corrotto, l'inetto raccomandato, il figlio di, la zoccola, pare abbiano sempre la meglio».

11. Cinquantasei, settanta e novanta

Io sono un autarchico: il titolo del primo film di Nanni Moretti tutto sommato si addice a un personaggio come Antonello Venditti, che non si è mai speso molto fuori dal suo ambito musicale, e quando l'ha fatto, ha cercato ed è riuscito a restare sempre se stesso, quasi teletrasportandosi dai propri ai dischi altrui senza perdere neanche un briciolo di identità, come se anche nei lavori degli altri artisti fossero i padroni di casa a collaborare con lui, e non viceversa. In qualche caso, i dischi dei quali si parla in questo ripostiglio sono stati trattati anche in altre stanze della casa, a testimoniare – come se ce ne fosse bisogno – che la cerchia in cui Venditti si è ritrovato non è molto più numerosa dei "quattro amici al bar" cantati da Gino Paoli.

Il primo disco al quale Antonello collabora è LA MIA DONNA (It, 1973), che segna l'esordio del "terzo membro dei Theorius Campus" Giorgio Lo Cascio; vi suona il pianoforte e fa il "corista", virgolette d'obbligo in quanto è soprattutto il produttore dell'album. L'anno dopo suonerà le tastiere per De Gregori nell'ellepi FRANCESCO DE GREGORI (1974, Rca), mentre nel 1976 canterà *L'Internazionale* in francese, insieme a Lucio Dalla e Francesco De Gregori, nel disco del sassofonista jazz Mario Schiano PROGETTO PER UN INNO (It). L'ultima collaborazione di Venditti negli anni Settanta riguarda I LUPI (Numero Uno, 1977) di Ivan Graziani: Antonello suona il pianoforte, ma anche in questo caso il vero impegno risiede nella produzione dell'album.

Per quanto riguarda gli anni Ottanta, tre sono i lavori che vedono Venditti ospite in dischi d'altri: MONTECRISTO (Philips, 1980) di Roberto Vecchioni, in cui Antonello canta nel ritornello della title track; TRASPARENZE (Philips, 1980) del chitarrista Riccardo Zappa (Venditti canta nel preludio iniziale); LUCA BARBAROSSA (Fonit Cetra, 1981), il primo album dell'allora poco più che ventenne cantautore romano, reduce dall'exploit sanremese di *Roma spogliata*. Venditti suona il pianoforte nel rifacimento del brano con cui il giovane Luca (che – la leggenda tramanda – l'avrebbe scritto a scuola durante una lezione di italiano) si era classificato quarto al Festival dello stesso anno; il produttore del 33 giri, l'ex cantante dei Rokes Shel Shapiro, utilizzò la base del 45 giri alla quale furono aggiunti il piano di Antonello, la pedal steel guitar suonata da Roberto Colombo (futuro marito di Antonella Ruggiero, all'epoca cantante dei Matia Bazar) e la voce di Barbarossa, cui Shapiro aveva chiesto di ricantare la canzone.

Ma la vicenda più interessante, sempre parlando del 1980, riguarda una mancata collaborazione di Venditti, quella con i Pooh per l'album STOP (Cgd). Il cantautore romano aveva registrato l'introduzione di *Numero uno* (quasi un minuto di "tiriri tiriri tiriri"), ma prima del mixaggio il suo produttore Alessandro Colombini chiese e ottenne che la registrazione non fosse utilizzata, in quanto il testo del brano prendeva di mira i cantautori che avevano voltato le spalle alla canzone cosiddetta "impegnata" per un genere più facile e commercialmente remunerativo:

Tu grande artista
sempre a galla, un po' equilibrista
numero uno, dopo te non ce n'è per nessuno
hai talento da spendere
tasche grandi, pazienza corta e pochi però

E ancora:

> Tu di gran moda
> vai a ruba dal palco alla strada
> chissà se per sbaglio
> con i tuoi riflettori al guinzaglio
> faccia sempre probabile
> occhio buono della domenica, aria da re

Anche se vien da pensare che questo testo sia stato in realtà ritoccato dopo il "gran rifiuto" di Colombini e Venditti. Se "occhio buono della domenica" richiama alla mente il titolo dell'album di Antonello uscito l'anno prima, BUONA DOMENICA, che dire dei versi "Venditi venditi subito / prima che la fortuna si svaluti / Vai che adesso il gioco tocca a te / tira su fin che ce n'è"? O forse quel "Venditi" dev'essere considerato una semplice, fortuita coincidenza?

Com'è come non è, Antonello avrebbe aspettato fino al 1997 (diciassette anni!) prima di partecipare a un disco non suo, ANTOLOGIA D'AUTORE (Tring) di Edoardo De Angelis. Venditti canta nel ritornello della canzone più famosa di De Angelis, *Lella*, la storia di un uomo che racconta a un amico di aver ucciso la propria amante: "La moje de Proietti er cravattaio / quello che c'ha er negozio su ar Tritone", che l'aveva respinto l'ultimo giorno dell'anno. "E te lo vojo di' che so' stato io / e so' quattr'anni che me tengo 'sto segreto / e te lo vojo di' ma nun lo fa sape' / nun lo di' a nessuno tiettelo pe' te", stornellano De Angelis e Venditti. Due anni dopo, invece, nel disco postumo di Ivan Graziani PER SEMPRE IVAN (Carosello), Antonello canta insieme a Renato Zero la canzone *Foto di gruppo*, di cui è autore del testo insieme a Zero (la musica è di Graziani).

E siamo così arrivati al nuovo millennio. Il 21 aprile del 2009, insieme ad altri cinquantacinque tra solisti e gruppi italiani, quasi tutti famosissimi, raccolti sotto il nome di Artisti uniti per l'Abruzzo, registra una versione intitolata *Domani 21/04.09* della canzone scritta nel 2003 da Mauro Pagani, title track dell'omonimo album. Lorenzo Jovanotti, Giuliano Sangiorgi e Mauro Pagani (anche produttore artistico) sono gli ideatori, mentre la produzione esecutiva è curata da Marco Sorrentino, quella discografica è della Sugar di Caterina Caselli (che non ha resistito alla tentazione di prestare anche la sua voce) e la distribuzione di Universal. L'obiettivo del progetto a tempo (il singolo terminerà la sua vita commerciale alla fine di dicembre 2009, con il ritiro del Cd dai negozi e la sospensione della vendita digitale) è raccogliere i fondi necessari alla ricostruzione, il consolidamento e il restauro del Conservatorio intitolato ad Alfredo Casella e della sede del Teatro Stabile d'Abruzzo dell'Aquila, colpita dal terremoto il 6 aprile. A un anno dalla registrazione, il sito www.domani21aprile2009.it renderà noto il risultato economico dell'iniziativa: "La canzone", informa un comunicato, "ha raccolto 1.183.377,35 euro".

Sempre nel 2009, Venditti partecipa a un altro progetto *monstre*, anche se in questo caso lo scopo degli addirittura settanta artisti coinvolti non è la solidarietà, ma permettere a Claudio Baglioni di riproporre "quel grande successo discografico che fu il concept album QUESTO PICCOLO GRANDE AMORE" – da cui l'acronimo Q.P.G.A scelto come titolo del nuovo lavoro pubblicato dalla Sony – rivisitando le quindici canzoni del disco, con l'aggiunta di trentasette brani inediti (alcuni nati sulla base melodica dei precedenti) che "completano le vicende della storia". Antonello contribuisce interpretando *Il riparo*, un minuto e tre secondi di interludio tra *Fiumicino*, che vede Giovanni Allevi al pianoforte, e *La paura e la voglia*, con il figlio di Claudio, Giovanni Baglioni, alla chitarra.

Nel 2010, Venditti è ospite di Lando Fiorini, l'ultrasettantenne cantastorie romano, nell'album TI PRESENTO ROMA MIA (Edel). La canzone scelta per l'ospitata è la *Roma capoccia* di Antonello, che qualcosina deve a Fiorini: se pensiamo ai primi versi di *Quanto sei bella Roma* – "Quanto sei bella Roma / quanto sei bella Roma a prima sera / er Tevere te serve, er Tevere te serve da cintura / San Pietro e er Campidojo da lettiera / Quanto sei bella Roma / quanto sei bella Roma a prima sera" – è impossibile non trovare qualche punto di contatto, anche metrico, con "Quanto sei bella Roma quann'è sera / quando la luna se specchia dentro ar fontanone / e le coppiette se ne vanno via / quanto sei bella Roma quando piove". È un vero e proprio abbraccio in musica tra gli autori dei più celebri e celebrati inni della Roma: *Roma Roma* e *Grazie Roma* di Venditti, *Forza Roma* di Lando Fiorini.

L'ultimo invito ad Antonello Venditti arriva per l'album 1+90 di Marco Rinalduzzi del 2011, edito da Urban 49, dove l'1 sta per Rinalduzzi e 90 per i novanta (!) artisti che hanno cantato e suonato con lui nel doppio Cd, tra i quali Amii Stewart, Gegè Telesforo, Nick The Nightfly. Venditti, ormai abituato ai progetti faraonici, canta *Le cose della vita* in una nuova versione suonata e arrangiata da Rinalduzzi, chitarrista e produttore che ha lavorato spesso con Antonello sia in studio, sia dal vivo.

P.S. Antonello Venditti compare anche in tre album live a lui non attribuiti, diversamente dal doppio 33 giri-singolo Cd BOLOGNA 2 SETTEMBRE 1974, ascritto – in rigoroso ordine alfabetico – a Lucio Dalla, Francesco De Gregori, Maria Monti e Antonello Venditti, per il quale si rimanda al capitolo sulla discografia. Ecco i dettagli dei tre dischi.

TRIANON '75 DOMENICA MUSICA (1975, Rca)
È stato registrato dal vivo al teatro Trianon di Roma nel corso di vari concerti tenuti tra aprile e maggio 1975 per la rassegna *Domenica Musica*.
Disco 1
Via Beato Angelico (Perigeo) / *Sto pensando* (Ernesto Bassignano) / *Tre bocche nel cuore* (Nicoletta Bauce) / *Goa* (Saro Liotta) / *Maida vale* (Stradaperta) / *Esperienze* (Rosalino Cellamare) / *La ragazza fisarmonica* (Paolo Conte) / *Compagno di scuola* (Antonello Venditti e Stradaperta)
Disco 2
Non ho finito di sognare (Silvia Draghi) / *Ad esempio a me piace il sud* (Rino Gaetano) / *Pablo* (Francesco De Gregori) / *Rosso napoletano* (selezione dalla suite) (Tony Esposito) / *Just Married* (selezione dalla

suite) (Mario Schiano) / *Silvia* (Renzo Zenobi) / *Evviva per gli studenti* (*Me gustan los estudiantes*) (Carmelita Gadaleta) / *Passato, presente* (Lucio Dalla)

1979 IL CONCERTO – OMAGGIO A DEMETRIO STRATOS (1979, Cramps)
È la registrazione del concerto tenuto all'Arena civica di Milano il 14 giugno 1979, allo scopo di raccogliere fondi per curare la malattia dell'ex cantante degli Area Demetrio Stratos; purtroppo la morte di Stratos, il 13 giugno, trasformò il concerto in un tributo. Nel 2009, grazie alla collaborazione tra la Rai e la Cramps, è uscito un Dvd con quasi tutte le canzoni del concerto (compresa *Bomba o non bomba* di Antonello Venditti) e contenuti speciali.
Disco 1
Basta, basta (Kaos Rock) / *Danz(A)nello* (Area) / *Per un amico* (Francesco Guccini) / *Hold On* (Eugenio Finardi) / *Shake It* (Roberto Ciotti) / *Coesione* (Venegoni & Co) / *Il funerale* (Angelo Branduardi) / *Europa minor* (Carnascialia) / *Nero su bianco* (Adriano Bassi e Italo Lo Vetere)
Disco 2
Bomba o non bomba (Antonello Venditti) / *Ehi sbarbo, Ehi Buba Loris, come faccio a farmi fare* (Skiantos) / *Tarantella del vibrione* (Gaetano Liguori e Tullio De Piscopo) / *Novelletta* (Giancarlo Cardini) / *Solfeggio parlante per voce sola* (Giancarlo Cardini) / *Figlia* (Roberto Vecchioni) / *E mi viene da pensare* (Banco del Mutuo Soccorso) / *L'Internazionale* (Area)

SULLE LABBRA DI UN ALTRO (2011, Lilium)
È un doppio Cd dedicato a Luigi Tenco. Il primo disco propone tutte le versioni di *Lontano lontano* che hanno aperto le edizioni del Premio Tenco dal 1989 al 2010. Nel secondo, "la qualità semantica delle liriche e dell'impianto melodico di Tenco viene indossata da una folta e illustre schiera di artisti contemporanei, scelti sapientemente dalla direzione artistica di gianCarlo Onorato" (Alessio Zipoli, www.lisolachenoncera.it).
Disco 1
Lontano lontano 1989 (Ornella Vanoni) / 1990 (Gino Paoli) / 1991 (Milva) / 1993 (Roberto Vecchioni) / 1994 (Eugenio Finardi) / 1995

(Fiorella Mannoia) / 1996 (Gianna Nannini) / 1997 (Francesco Guccini) / 1998 (Patty Pravo) / 1999 (Vinicio Capossela) / 2000 (Edoardo Bennato) / 2001 (Teresa De Sio) / 2002 (Gilberto Gil) / 2003 (Enzo Jannacci) / 2004 (Antonello Venditti) / 2005 (Massimo Ranieri) / 2006 (Samuele Bersani & Gino Paoli) / 2007 (Simone Cristicchi) / 2008 (Sergio Cammariere) / 2009 (Alice) e 2010 (Renzo Arbore)
Disco 2
Mi sono innamorato di te (Gianmaria Testa) / *Se sapessi come fai* (Stefano Amen) / *Quello che conta* (Carlot-ta) / *Ballata della moda* (Ettore Giuradei) / *Io vorrei essere là* (Cesare Basile) / *Ballata dell'arte* (Alessandro Grazian) / *Prete in automobile* (Mariposa) / *Vedrai, vedrai* (Mauro Ermanno Giovanardi) / *La ballata dell'amore* (Giulia Villari) / *E se ci diranno* (Evasio Muraro) / *Cara maestra* (Zibba) / *Isy* (Alessandro Fiori) / *Più mi innamoro di te* (Guida Maria Grillo) / *Vita sociale* (Alberto Patrucco) / *Ciao amore, ciao* (Iosonouncane) / *Se potessi amore mio* (Onorato)

12. Rino, Giorgio e gli altri

Sette album e due singoli in quarant'anni: non si può certo dire che l'Antonello Venditti produttore si sia sforzato, ma del resto il suo mestiere è sempre stato un altro. Il primo disco prodotto da Venditti risale al 1973, ed è l'unico album dei Blue Morning; intitolato con il nome della band (un ensemble a cavallo tra rock e jazz, con Maurizio Gianmarco – che aveva suonato in THEORIUS CAMPUS – al sax e al flauto, e alla chitarra quel Roberto Ciotti che sarebbe diventato uno dei più richiesti sessionman), BLUE MORNING è stato pubblicato dalla Tomorrow e distribuito dalla It di Vincenzo Micocci. "Musicalmente eccellente" – così lo definisce John Nicolò Martin in *Classic rock*, il suo seguitissimo blog sul rock progressivo italiano degli anni Settanta – l'album "riesce a focalizzare tutte le qualità dei cinque protagonisti, pur se gravato da un'incisione modesta e poco generosa con le frequenze più estreme. In ogni caso, pur non differenziandosi molto dallo stile del già menzionato Perigeo, il gruppo fornisce un invidiabile catalogo di spunti e situazioni: dall'aggressiva opening track *Danza dei palombari lottatori* al prog-jazz di *Farfalle nella pancia*. Encomiabile poi la corale *Belmont Plaza* dove la mano di Ciotti è molto più evidente che in altri pezzi".

Sempre la It è interessata nelle due successive produzioni di Venditti dello stesso anno. Il 45 giri che propone sul lato A *I Love You Maryanna* e sul retro *Jaqueline* ha un valore soprattutto storico, in quanto dietro lo pseudonimo di Kammamuri's (in omaggio a un personaggio dei *Pirati della Malesia* di Emilio Salgari) si cela il cantautore Rino Gaetano, al debutto discografico. Antonello è peraltro solo uno dei produttori, insieme al tecnico del suono Aurelio Rossitto e al bassista Piero Montanari, che così ricorda quell'esperienza a Richard Milella del sito Internet www.metallized.it:

> Rino venne un giorno in questo "Cenacolo" (così si chiamava il luogo in cui si ritrovava la Roma musical-alternativa) in compagnia dell'allora mio caro amico Venditti. Ci stimavamo con Antonello e uscivamo insieme a far danni. Avevamo appena fatto *Roma capoccia* per la It e Antonello iniziava ad aver successo. Anch'io in quel momento mi stavo affermando come bassista e come arrangiatore e venne automatico che, una volta avuto l'ok da Vincenzo Micocci per Rino, Antonello e io entrassimo in sala per produrre il suo primo disco. Ci avvalemmo della consulenza di Aurelio Rossitto, il fonico dello Studio 38 proveniente dalla scuola della Rca, che coinvolgemmo nella realizzazione dei due brani. Infatti *I Love You Maryanna*/*Jacqueline*, attribuito a Kammamuri's, esce prodotto da RosVeMon, che poi sarebbe l'acronimo di Rossitto, Venditti e Montanari. Chiamammo a suonare alcuni musicisti, ma io suonai il basso e le chitarre. Antonello portò uno zampognaro che veniva per le feste di Natale sotto casa sua e gli facemmo suonare la zampogna, peraltro stonatissima, che, se ci fate caso, entra ed esce ogni tanto dall'arrangiamento (i più sgamati credono si tratti di un primordiale sintetizzatore!!!). Antonello non mi ricordo se suonò il piano, credo di sì, ma comunque c'era un'atmosfera molto divertita e surriscaldata. Si scherzava e si rideva molto e Rino era straordinariamente naïf e simpatico, se poi si accompagnava a Enzo Carella [*un altro cantautore romano, noto per il lungo sodalizio artistico con il paroliere Pasquale Panella, N.d.A.*], beh, i due diventavano irresistibili, irrefrenabili. Sinceramente non sapevo perché si voleva chiamare Kammamuri's piuttosto che Rino Gaetano, ma doveva essere una delle sue piccole follie.

Il terzo disco prodotto da Antonello Venditti nel 1973 fu LA MIA DONNA, il primo album di Giorgio Lo Cascio: Lo Cascio, non uno qualsiasi, ma uno dei quattro.

> Io mi ricordo quattro ragazzi con la chitarra
> e un pianoforte sulla spalla
> come i pini di Roma, la vita non li spezza
> questa notte è ancora nostra
> come fanno le segretarie con gli occhiali
> a farsi sposare dagli avvocati

È la prima strofa di *Notte prima degli esami*, la canzone di Venditti uscita nel marzo 1984 come lato B di *Ci vorrebbe un amico*, e quei quattro ragazzi erano lo stesso Venditti, Francesco De Gregori, Ernesto Bassignano e per l'appunto Giorgio Lo Cascio. Si fanno chiamare I Giovani del Folk(studio), e proprio Bassignano racconterà le loro gesta in un capitolo del libro *Canzoni pennelli bandiere supplì*, edito

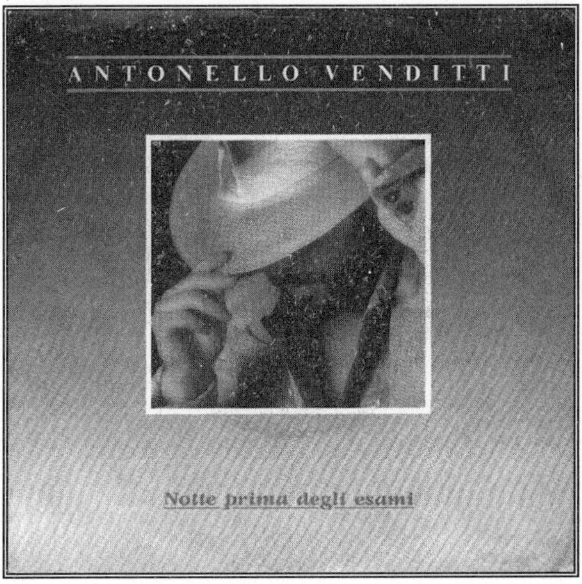

da Pieraldo nel 1996; la prefazione – neanche a farlo apposta – è di Antonello Venditti, che inizia con questi due versi: "Le cose della vita fanno piangere i poeti / ma se non le fermi subito, diventano segreti". È una citazione da *Le cose della vita*, "che tra l'altro", scrive Antonello, "risale proprio ai bei tempi eroici del Folkstudio che ci videro tanto uniti". E proprio *La magica avventura del Folkstudio: Francesco, Antonello, Giorgio e Tinin* (dove Tinin, il "romano di Cuneo", è proprio lui, Ernesto) s'intitola il capitolo del libro di Bassignano dedicato ai quattro ragazzi.

Del gruppo, Giorgio è stato il meno fortunato: se n'è andato presto, il 24 febbraio 2001, quando non aveva ancora compiuto cinquant'anni, portato via da un male incurabile. Ma a parte la fine prematura, la sua stessa carriera artistica si è sviluppata un po' all'insegna delle occasioni perse, come racconta la voce a lui dedicata su Wikipedia:

> Alla fine del 1971 De Gregori e Lo Cascio ottengono un'audizione con la It di Vincenzo Micocci: sono stati indirizzati a questa etichetta da Giovanna Marini, alla quale avevano chiesto di metterli in contatto con I dischi del sole (cosa non possibile per il repertorio della casa discografica, molto politicizzato rispetto a quello dei due cantautori). Durante il provino realizzano una lacca con quattro canzoni: *Il partigiano* (cover in italiano di *The Partisan* di Leonard Cohen) e *Dolce signora che bruci* cantate insieme, *Ho cercato di dirti* cantata da Lo Cascio e *Signora Aquilone* cantata da De Gregori, e Micocci, colpito dai brani, propone loro un contratto discografico. Ancora prima di iniziare, il sodalizio artistico si scioglie: come racconta lo stesso Lo Cascio nel suo volume su De Gregori [*De Gregori*, Franco Muzzio, 1990], i due avevano alcune divergenze sulla realizzazione degli arrangiamenti, ma il pretesto per la separazione fu un viaggio premio in Ungheria (ottenuto come retribuzione per la registrazione di uno special televisivo magiaro), a cui Lo Cascio rinuncia (perché in quel periodo sta organizzando il matrimonio con Ivana); De Gregori propone il viaggio a Venditti (che ha anche lui firmato con la It all'insaputa dei due amici) che accetta, e durante il viaggio i due decidono di

> costituire un duo (scrivendo insieme la canzone *In mezzo alla città* [unitamente a *Vocazione 1 e ½*, N.d.A.]), e realizzano l'album THEORIUS CAMPUS, in cui De Gregori include una canzone, *La casa del pazzo*, con la musica scritta da Lo Cascio.

Sia Francesco, sia Antonello resteranno però molto legati a Lo Cascio: oltre a produrre il suo debutto su Lp (pubblicato a dicembre 1973), Venditti suona il pianoforte e canta in *Sogno a stomaco vuoto*, mentre De Gregori è l'autore della fotografia sul retro di copertina. C'è anche un altro cantautore, Renzo Zenobi, che suona la chitarra acustica, mentre tra gli strumentisti che hanno suonato nell'album ci sono ben tre Blue Morning – la sezione ritmica, formata da Alfredo Minotti alla batteria e Sandro Ponzoni al basso, e Maurizio Giammarco al sax, al flauto e al moog – e il pianista Alessandro Centofanti. Dal canto suo, Lo Cascio realizza per De Gregori la foto di copertina del suo primo disco, ALICE NON LO SA, e qualche anno dopo, nell'81, ricambierà il favore anche ad Antonello, scrivendo per Lato Side un libro a lui dedicato, dal titolo *Canzoni*.

I LUPI, pubblicato nel 1977 dalla Numero Uno, l'etichetta di Mogol e Lucio Battisti, è il quinto album di Ivan Graziani, ma il primo a ottenere un discreto successo di vendite, grazie anche a una delle canzoni più belle e meritatamente fortunate del musicista abruzzese, *Lugano addio*, edita pure a 45 giri come retro della title track (anche se ben presto avrebbe preso il sopravvento). Venditti, oltre a produrre l'album, suona il pianoforte, l'organo e l'Eminent (una tastiera analogica che riproduceva il suono degli archi) in *Ninna nanna dell'uomo* e *Il topo nel formaggio*, non a caso entrambe registrate negli studi romani della Rca, a differenza delle altre canzoni, incise tra Milano e Como. Il rapporto d'amicizia e collaborazione tra i due artisti era nato l'anno prima, quando Graziani era stato chiamato a suonare la chitarra nell'album ULLÀLLA e nel tour che aveva fatto seguito all'uscita del 33 giri; non solo: a Ivan era stato concesso uno spazio in apertura di ogni concerto quale artista "di spalla", come si diceva allora, di Antonello.

Bruscamente interrotto dalla morte di Ivan (il primo gennaio del 1997, anche lui – come Lo Cascio – per un male incurabile), il feeling di Venditti nei confronti di Graziani ha però ancora modo di esprimersi due anni dopo la scomparsa del cantautore teramano, quando per iniziativa di Renato Zero esce, pubblicato da Fonopoli, un disco di inediti intitolato PER SEMPRE IVAN. Nell'album, Antonello e Renato cantano insieme *Foto di gruppo*, un brano di Graziani il cui testo, scritto da entrambi per l'occasione, suona così:

> Tempo bastardo, sempre tra i piedi
> quanti altri bis tu ci chiedi
> noi stiamo al gioco, soffrire è un'arte
> ma l'amicizia è più forte
> e l'avventura, tanto sognata
> fra pochi solchi resta ormai imprigionata
> era il biglietto, di sola andata
> per un concerto lungo tutta una vita!
> vita, vita, ci sei piaciuta
> ma non sei più la stessa tu
> vita, vita, la più gettonata
> tanto successo non hai più
> vita, vita, adesso chi ti canta più
> adesso chi ti canta più
> Ivan che non si scorda più

Negli anni Settanta, Venditti produrrà altri tre dischi, tutti nel '79 e tutti per la Philips, la casa discografica per la quale aveva inciso BUONA DOMENICA quello stesso anno e SOTTO IL SEGNO DEI PESCI nel 1978. Il primo è MARABEL di Massimo Bubola, nel quale il cantautore (che l'anno prima aveva partecipato all'album RIMINI di Fabrizio De André) è accompagnato dai Cyan, la band inglese che aveva suonato in QUANDO VERRÀ NATALE e LILLY di Antonello Venditti, RIMMEL e l'omonimo di Francesco De Gregori, oltre ad aver partecipato al tour

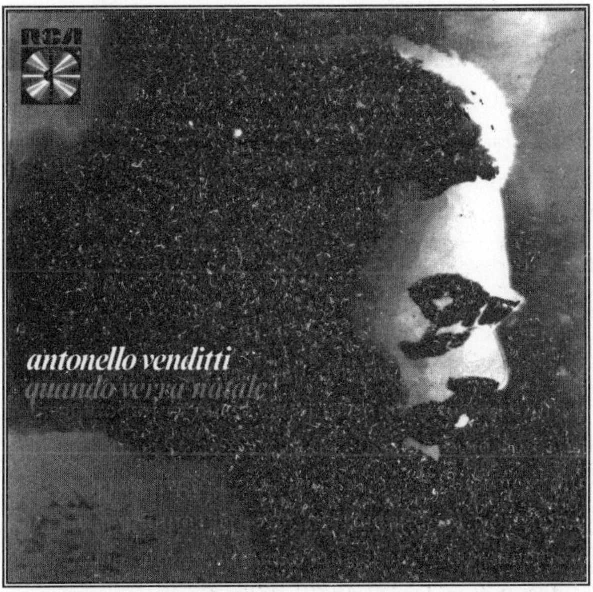

dello stesso De Gregori e di Lucio Dalla, dal quale era stato tratto il live BANANA REPUBLIC. Non solo: l'ex batterista del gruppo Gordon Fagetter, noto alle cronache rosa del tempo come fidanzato di Patty Pravo, anche lei accompagnata dalla band inglese, è l'autore del disegno che compare sulla copertina del già citato FRANCESCO DE GREGORI.

Sempre nel 1979 escono per la Philips MAIDA VALE degli Stradaperta, la band che accompagnava Venditti in studio e dal vivo fin da SOTTO IL SEGNO DEI PESCI, e ONDINA di Carlo Siliotto, che era stato tra i fondatori del Canzoniere del Lazio.

L'album DECADANCE dei Comunicazione corrotta e il singolo comprendente *Acqua di cielo* e *Vint'anni* dei Velut Luna sono gli ultimi due lavori prodotti da Venditti, usciti rispettivamente nel 1999 e nel 2008 per la sua etichetta discografica, la Heinz Music. Comunicazione corrotta è una band romana in cui militano Luca Pardo e Carlo Fadini, che insieme hanno scritto *V.A.S.T.* per l'album GOODBYE NOVECENTO di Venditti, il quale a sua volta ha composto con il solo Pardo un altro pezzo contenuto nel disco del 1999, *Che tesoro sei*. I

Velut Luna sono invece un gruppo siciliano nato alla fine del 2002 dall'incontro di Salvo Nigro e Peppe. A settembre del 2006 l'ingegnere del suono e produttore Gaetano Ria propone il gruppo ad Antonello Venditti, con il quale sta lavorando al disco DALLA PELLE AL CUORE. Venditti mette sotto contratto la band con la sua etichetta discografica Heinz Music; dalla collaborazione con il cantautore Massimo Di Cataldo nasce il singolo che contiene *Acqua di cielo*, in italiano, e *Vint'anni*, in dialetto siciliano.

13. Che notte quella notte (prima degli esami)

Antonello Venditti solo cantante: succede nella colonna sonora dell'*Uccello migratore*, la prima delle non molte pellicole che hanno visto il cantautore romano coinvolto a pieno o parziale titolo nelle musiche da film. Interpretato da Lando Buzzanca – la qual cosa autorizza a pensare non benissimo del titolo – e Rossana Podestà, il film del 1972, diretto da Steno, racconta la vicenda di Andrea Pomeraro, insegnante di storia trasferito dalla Sicilia in un liceo di Roma. Tra l'infatuazione per una collega e quella nei confronti di un'allieva, Pomeraro diventa il capo della rivolta studentesca e finisce in galera. Venditti canta *Come un respiro*, una canzone scritta da Armando Trovajoli, il pianista, compositore e direttore d'orchestra morto a novantacinque anni il 28 febbraio 2013 (è l'autore della musica di una canzone immortale come *Roma nun fa' la stupida stasera* – con il testo di Garinei e Giovannini – cantata da Nino Manfredi e Lea Massari nella commedia musicale *Rugantino*). Così ricorda l'incontro di Trovajoli e Venditti con Steno il figlio del regista Enrico Vanzina, sceneggiatore e produttore cinematografico, intervistato dal «Messaggero» il 9 ottobre 1999: «A un certo punto arrivò il maestro Armando Trovajoli, autore delle musiche: portava con sé un giovane ragazzo. Antonello, appunto. Gli fece cantare una canzone per il film: un'interpretazione particolare, una voce semplicemente fantastica... Capii subito che si trattava di un grande artista e che avrebbe fatto strada".

Dopo quattro anni, è la volta di *Signore e signori, buonanotte*, con Marcello Mastroianni e Paolo Villaggio diretti da ben undici registi, fra i quali Luigi Comencini, Nanni Loy, Luigi Magni, Mario Monicelli ed Ettore Scola. Nel film, che è la parodia di un'immaginaria giornata televisiva, Venditti interpreta la parte di un cameraman in esterna e canta insieme all'amico Lucio Dalla due brani, *L'agente tuttumpezzo* (della quale i due sono coautori) e *Funiculì funiculà*, la celebre canzone napoletana scritta nel 1880 dal giornalista Giuseppe Turco e dal musicista Luigi Denza; nella colonna sonora è compresa anche la parte strumentale dello *Stambecco ferito*, da LILLY (1975). Sempre con Lucio Dalla, Venditti avrebbe composto le musiche della *Storia bandita*, uno spettacolo teatrale

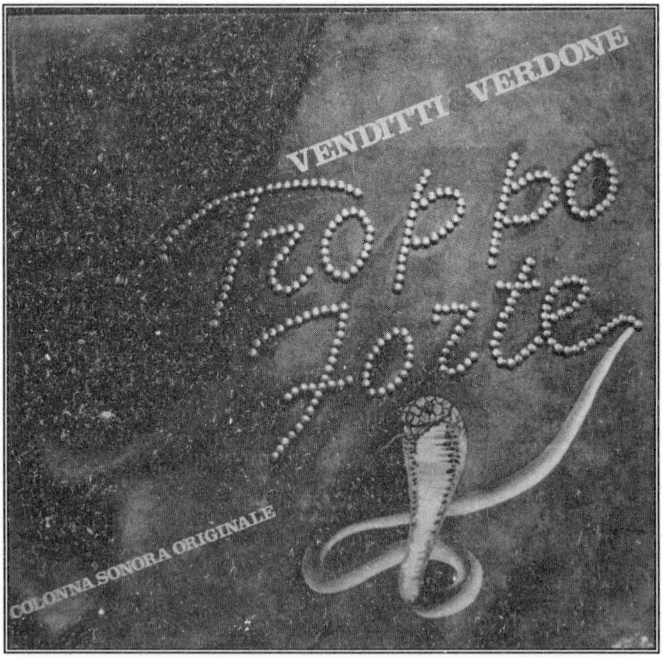

dedicato al brigantaggio lucano e al suo leader Carmine Crocco, che si tiene annualmente a Brindisi Montagna, un paesino di circa novecento abitanti nel cuore della Basilicata, in provincia di Potenza.

Nel 1978 è la volta del già citato *La banda del gobbo* (1978), diretto da Umberto Lenzi e interpretato da Tomas Milian nel doppio ruolo del Gobbo e del Monnezza, dove si rende omaggio a Venditti con la citazione di *Sora Rosa* e con la presenza nella colonna sonora di *Roma capoccia*. Dal poliziottesco a un antenato dei cinepanettoni il passo è lungo sei anni: *Vacanze in America* (1984), diretto da Carlo Vanzina e interpretato da Jerry Calà, Christian De Sica, Claudio Amendola e Antonella Interlenghi, racconta la gita negli Stati Uniti di un gruppo di alunni ed ex alunni di una scuola privata gestita da sacerdoti, con l'inevitabile contorno di frizzi e lazzi nei confronti degli accompagnatori, un giovane prete ciociaro (De Sica) e un collega più anziano (Renato Moretti). Nella colonna sonora è presente una delle più note canzoni di Venditti, *Ci vorrebbe un amico*.

A proposito di amici, ecco Carlo Verdone regista e protagonista – insieme al mito Alberto Sordi – di *Troppo forte* (1986). Verdone è Oscar Pettinari detto "Troppo forte", un borgataro romano con il sogno di diventare uno stuntman, mentre Sordi interpreta il sedicente avvocato Giangiacomo Pigna Corelli Inselci. Antonello Venditti è l'autore della colonna sonora; in cambio, Verdone avrebbe suonato la batteria in due album di Venditti: VENDITTI E SEGRETI, dello stesso anno, e PRENDILO TU QUESTO FRUTTO AMARO, del 1996.

Il film successivo del quale Antonello Venditti è autore della colonna sonora s'intitola *Ultrà* (1990), diretto da Ricky Tognazzi e interpretato da Claudio Amendola, Ricky Memphis, Gianmarco Tognazzi e Giuppy Izzo: figlia del doppiatore Renato, è la sorella di Simona, ex moglie di Antonello, che aveva sposato nel 1975 e dal quale l'anno dopo aveva avuto un figlio, Francesco Saverio, che oltretutto fa l'attore. E a questo punto, come non ricordare che il secondo marito di Simona Izzo è proprio Ricky Tognazzi? Ma lasciamo il gossip e torniamo al cinema: in *Ultrà*, Claudio Amendola è Luca detto Principe, leader di un gruppo di tifosi della Roma, guarda caso la squadra per cui tifa Venditti, mentre Ricky Memphis interpreta il suo migliore amico Red. Sugli ultras, come direbbe il più classico dei trailer, incombe la tragedia, che si materializza in una trasferta della squadra giallorossa a Torino per affrontare la Juventus.

Basta! Ci faccio un film (1991), noto anche con il titolo *Basta! Adesso tocca a noi*, è invece il titolo della pellicola di Luciano Emmer, con il figlio del regista, Davide, Anna Bonaiuto e Alessandro Haber. Le musiche di Antonello Venditti incorniciano la vicenda che ha per protagonisti Dadi e Andrea: finito il liceo, i due ragazzi e i loro ex compagni di classe, in attesa di iniziare l'università o di trovare lavoro, cercano di restare uniti.

Nei *Mitici – Colpo gobbo a Milano* (1994), ancora diretto da Carlo Vanzina e interpretato da Claudio Amendola, Monica Bellucci, Ricky Memphis e Tony Sperandeo, Giulio (Pier Maria Cecchini) è in galera, ma sogna già il prossimo colpo. Appena uscito recluta il fratello Fabio (Amendola), un bravo e onesto antennista rimasto senza lavoro, che coinvolge il suo ex collega Enzo (Memphis). E sarà una pioggia di miliardi. Nella soundtrack è presente una canzone di Venditti dal titolo quanto mai pertinente, *In questo mondo di ladri*, dall'omonimo album del 1988.

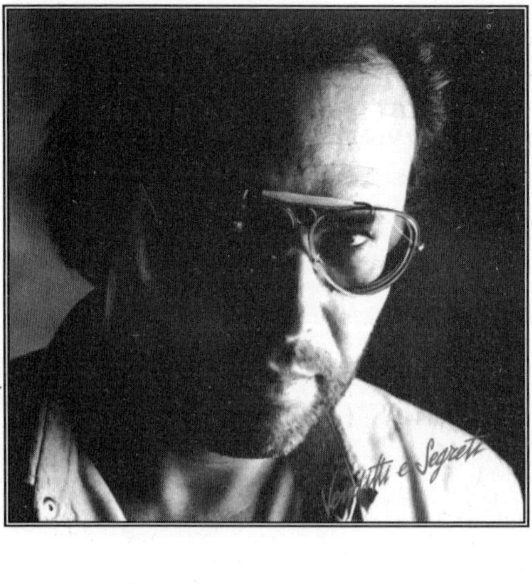

Un altro brano di Antonello, *Con che cuore*, tratto da CHE FANTASTICA STORIA È LA VITA, è presente nella colonna sonora del *Paradiso all'improvviso* (2003, come il disco); diretto e interpretato da Leonardo Pieraccioni, Alessandro Haber e Rocco Papaleo, racconta la storia di Lorenzo (Pieraccioni), l'uomo più single della terra, che con la sua ditta Pioggia, Neve e Grandine realizza effetti speciali per il teatro, il cinema e la televisione.

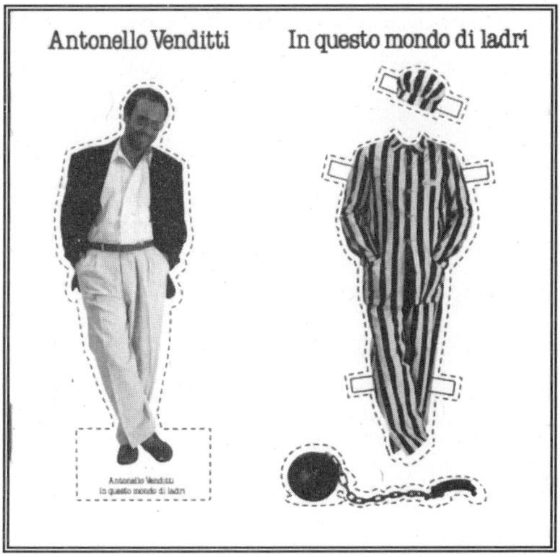

Ora tocca a due film che addirittura s'intitolano come una canzone di Antonello e un verso dello stesso brano. *In questo mondo di ladri* (2004) – che può contare non solo sul pezzo omonimo, ma anche sulla colonna sonora di Venditti – è una commedia di Carlo Vanzina, sempre lui, e racconta la picaresca vicenda di cinque sconosciuti, accomunati dall'essere rimasti vittima di una truffa immobiliare a Livigno. Tra gli interpreti ci sono Valeria Marini, Enzo Iacchetti, Ricky Tognazzi e Leo Gullotta.

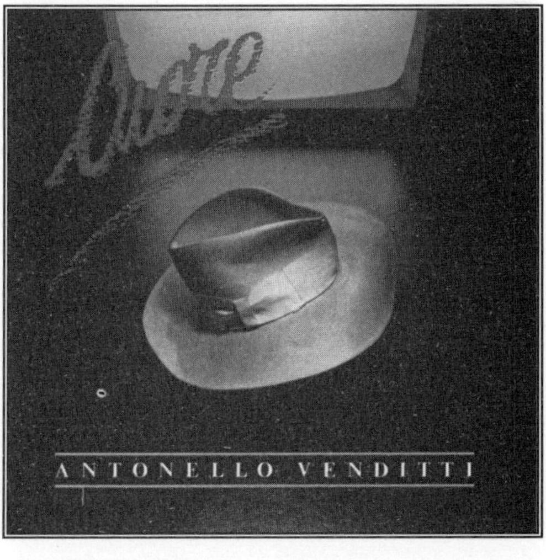

La pellicola più fortunata del lotto è comunque *Notte prima degli esami* del 2006, intitolata come la canzone contenuta nell'album CUORE, del 1984. Il film, diretto da Fausto Brizzi, narra la storia di sei amici, dei loro amori, tormenti e delusioni adolescenziali e della loro crescita, fino al giorno degli esami di maturità; Nicolas Vaporidis è Luca, Cristiana Capotondi interpreta Claudia, poi ci sono Eros Galbiati-Riccardo, Sarah Maestri-Alice, Andrea De Rosa-Massimiliano e Chiara Mastalli-Simona, mentre il ruolo del professor Antonio Martinelli detto "la carogna", padre di Claudia, è appannaggio di Giorgio Faletti.

Tocca infine a *Questa notte è ancora nostra*, una commedia romantica del 2008 diretta da Luca Miniero e Paolo Genovese e interpretata da Nicolas Vaporidis nel ruolo principale, quello di Massimo, un ragazzo di venticinque anni che lavora nella ditta di pompe funebri del padre e sogna di incidere un disco con la sua band. Ma la presenza di Vaporidis non è l'unico punto di contatto con *Notte prima degli esami*: "Questa notte è ancora nostra" è uno dei versi della canzone, nella quale ricorre tre volte.

Dal cinema alla tv, il blog Il negozio di Euterpe (www.ilnegoziodieuterpe.blogspot.it) racconta per filo e per segno la storia della colonna sonora scritta da Venditti per il film musicale *Addavenì (quer giorno e quella sera)*, con Ninetto Davoli, l'attore-feticcio di Pier Paolo Pasolini, e la grande attrice teatrale e cinematografica Adriana Asti, proposto dalla Rai nell'autunno del 1979. I testi sono stati scritti da un misterioso "Anonimo romano", mentre le musiche sono state composte da Antonello Venditti. La trama "ripercorre un po' alcuni cliché pasoliniani, raccontando il tragico amore tra una prostituta e un borgataro romano. Il regista del programma televisivo è Giorgio Ferrara, e il testo era stato pubblicato l'anno precedente in volume dalle edizioni Capelli; dietro lo pseudonimo 'Anonimo romano' si nasconde Maurizio Ferrara, padre del regista e anche di Giuliano Ferrara, nonché esponente di rilievo del Pci romano. Le canzoni però risultano in Siae essere scritte interamente da Venditti, anche per quel che riguarda i testi".

La colonna sonora di *Addavenì* è stata pubblicata dalla Philips, casa discografica di Antonello dopo l'abbandono della Rca Italiana e prima della fondazione, con il suo produttore Alessandro Colombini, della

Heinz Music. La canzone che apre il disco, *Scusa devo andare via* – spiega Il negozio di Euterpe – "è l'unica eseguita da Venditti, ed è in una versione diversa rispetto a quella presente nell'album BUONA DOMENICA; viene inoltre ripresa, in una breve coda strumentale, alla fine del lato 2. Sulle altre canzoni c'è poco da dire: nelle sonorità si riconoscono le caratteristiche del cantautore romano, ma non giova loro l'interpretazione di Davoli (che, come cantante, forse qualcuno ricorderà nella vecchia pubblicità dei cracker Saiwa, in cui la mattina presto percorreva una Roma deserta cantando a squarciagola i successi del periodo) e, soprattutto, della Asti". Ancora, "la musica di *Quanno che Roma schiatta* è la stessa di *Ruba*, incisa da Venditti nel disco CHE FANTASTICA STORIA È LA VITA, del 2003, ma in realtà è il brano in italiano che è antecedente, in quanto scritto nei primi anni Settanta e inciso, in quel periodo, da Mia Martini. *Me piacerebbe tanto* è invece il primo reggae scritto dal cantautore romano, alcuni anni prima della più conosciuta *Piero e Cinzia*". La produzione del disco è di Michelangelo Romano, gli arrangiamenti sono stati curati dal cantautore con gli Stradaperta (che suona in tutti i brani), mentre l'orchestra d'archi è arrangiata e diretta da Peppino Mazzucca e Nicola Samale.

14. L'importante e l'incompiuto

Un romanzo compiuto, ma anche uno incompiuto, la prefazione di un libro dell'amico e collega cantautore Ernesto Bassignano e un capitolo del volume che il critico musicale Dario Salvatori ha dedicato al Folkstudio (degli ultimi due scritti si è occupato il capitolo *Quant'è lontana la cantina*, dedicato al celebre locale): sono questi i punti fermi dell'Antonello Venditti scrittore.

S'intitola *L'importante è che tu sia infelice* il libro pubblicato qualche mese dopo il sessantesimo compleanno del cantautore – nato a Roma l'8 marzo 1949 – da Arnoldo Mondadori Editore, nella collana "Ingrandimenti"; il titolo è la frase che Antonello si sentiva spesso dire dalla madre, la professoressa romana di latino e greco Wanda Sicardi Venditti, con la quale ha avuto un rapporto difficile, se non proprio conflittuale. Si tratta di un racconto in chiave autobiografica che il cantautore romano ha iniziato a scrivere dopo la morte della donna, nell'estate del 2007.

Il senso dello scritto è riassunto nelle parole di Venditti raccolte da Stefano Mannucci, che lo intervistò per «Il Tempo» il 17 ottobre 2009:

> Non è un'autobiografia, ma il racconto del mio viaggio della vita: scritto con calviniana leggerezza tra avvenimenti, emozioni, le cose che mi hanno coinvolto. Dove il meccanico che truccava l'auto con la quale noi ragazzi pazzi incoscienti ci buttavamo a rotta di collo nelle curve di notte, a fari spenti, ha la stessa importanza del Dalai Lama: quando lo incontrai scoppiammo a ridere. Sembravamo l'uno il sosia dell'altro.
> Non l'avrei mai scritto, questo libro, se lei [la madre] non fosse morta. Mi ha lasciato un baule pieno dei suoi diari, che non ho il coraggio di aprire, perché temo di scoprirvi una persona diversa da quella che non mi ha mai riservato una buona parola. Voleva controllarmi in ogni mossa, sperava nei miei fallimenti, nella fine delle mie storie con le donne. Non mi ha mai detto che una mia canzone fosse bella. Due anni fa, quando è scomparsa, ho venduto la casa dei miei genitori. Devo alla durezza di Wanda la mia rivendicazione della libertà, il percorso fatto per cercare me stesso. Forse la mia voce è la sua. Quando mi rileggo mi scopro a pensare di me stesso: "lui scrive".

Neanche due anni dopo, nell'album UNICA, una canzone – *Forever* – testimonierà la rappacificazione con il ricordo della madre: «Oggi posso dire di aver elaborato la sua morte, seppure non comprendendo tutto», dichiara Venditti in un'intervista a Carlo Moretti, uscita il 25 luglio 2011 su «la Repubblica». «Oggi mia madre sono io, quello che mi diceva me lo ripeto da solo. Da lei però derivano allo stesso tempo l'attenzione e anche l'estrema sfiducia nelle donne, che poi fortunatamente nelle mie canzoni non metto: per questo scrivo belle canzoni d'amore».

> Lo sguardo trova sempre quello che cerca il cuore
> guardando dentro me ritrovo il tuo dolore
> io ti amerò per sempre tu mi dicevi allora
> ricordo le tue labbra ridevano all'aurora
> quanto tempo fa
> tu lo diresti ancora
> ora che la nostra vita va così

voglio solo te
io lo voglio ancora
ora che il silenzio scende su di noi
forever
io ti amerò per sempre
sarò come vuoi tu
ti cercherò per sempre
sarò come vuoi tu

"Mia madre è professoressa / o meglio una professoressa madre / m'ha dato sempre quattro / anche se mi voleva bene / oggi è andata in pensione / con la medaglia della scuola / la guarda sempre con orgoglio / ascoltando la radio": così Antonello aveva invece descritto Wanda nella canzone *Mio padre ha un buco in gola* (da LE COSE DELLA VITA del 1973), che nel titolo ricorda la ferita subita da Vincenzo Italo Venditti

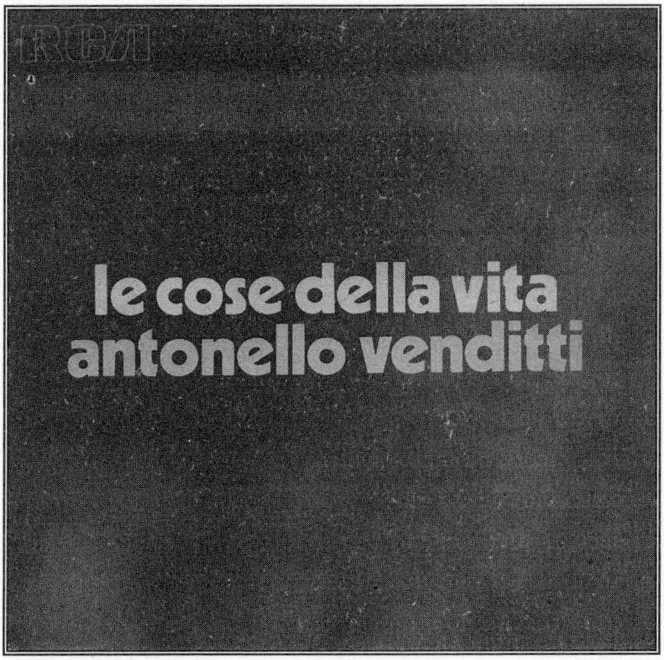

nella seconda guerra mondiale (un proiettile sarebbe rimbalzato sulla fibbia della cintura, fino a conficcarglisi nella gola). E proprio alla lunga malattia del padre morto nel febbraio del 1999, molisano di Campolieto e ufficiale di polizia che nel 1968 diventò viceprefetto di Roma ("Mio padre ha un buco in gola / e una medaglia d'argento / oggi è andato in pensione / alta burocrazia nazionale"), è dedicata gran parte dell'ultimo capitolo. Non solo. Nella canzone "familiare" per eccellenza, Antonello ne ha anche per la nonna, responsabile di averlo messo all'ingrasso sino a farlo pesare la bellezza di 94 chili a soli quattordici anni: "Mia nonna è una brava signora / ma nonostante tutto è morta / cucinava con troppo amore / e mi faceva ingrassare / ed io, io crescevo bene / grasso come un maiale".

Ma torniamo al romanzo autobiografico: come ebbe a scrivere sempre il 17 ottobre 2009 per il «Corriere della Sera» Mario Luzzatto Fegiz:

> Il libro, con rapidi scorci, abbina a delle figure femminili le varie canzoni: ecco Claudia che ispira *Notte prima degli esami* e *Alta marea*, Cristina, bella e libera, che ispira *Il compleanno di Cristina*, una sfortunata gita in Europa dopo la maturità fa nascere *Giulio Cesare*. E poi i colleghi, i viaggi umanitari in Africa, il periodo della simbiosi con De Gregori, fra musica e strani viaggi in Ungheria, il Pci, i poker con Ennio Melis fondatore della Rca, il rapporto col Partito comunista, la venerazione per Berlinguer.

Per strano che a qualcuno possa sembrare, *L'importante è che tu sia infelice* è valso ad Antonello nel 2009 il premio Radicchio d'oro per la cultura e la musica assegnato dai "Ristoranti del radicchio", quasi un'inconsapevole canzonatura per l'ex ragazzino ciccione. E se a qualcun altro sembrasse ancora più strano, è vera la notizia che, nel 2012, dello stesso premio – con la variante "spettacolo" invece di "musica" – è stata insignita (insieme al marito Ricky Tognazzi) l'ex moglie di Antonello Venditti, Simona Izzo. Proprio la nota attrice, doppiatrice e regista è protagonista del fatto al quale il giornalista Walter Gatti, recensendo il volume per ilsussidiario.net, attribuisce "la palma per l'episodio migliore del libro": è quello riguardante l'incontro con sir George Martin, il celebre "quinto Beatle".

> Nel 1979, durante il soggiorno americano per la realizzazione di BUONA DOMENICA, Venditti (con un manipolo di musicisti, amici, discografici e moglie) frequenta il bel mondo, da Eric Clapton a Paul Newman e ha la fortuna di pranzare con Martin, uomo con il quale si può parlare di tutto tranne che del periodo con i baronetti di Liverpool. Nonostante fosse "avvertita", la moglie di Antonello, Simona Izzo, a un certo punto dà la svolta alla serata: «Bene: parliamo un po' di Beatles». Fu il momento in cui una possibile collaborazione con il più grande produttore della storia del pop andò in fumo.

E adesso basta con le citazioni dal libro, prima che qualcuno ipotizzi uno spoileraggio volutamente nocivo.

Dal fatto compiuto che ha visto Simona Izzo protagonista (un paio le canzoni sicuramente dedicate a lei da Antonello: *L'amore non ha padroni*, da LILLY – 1975, l'anno del matrimonio – e *Dimmelo tu cos'è*, da SOTTO LA PIOGGIA del 1982, con il cane comprato nella prima canzone

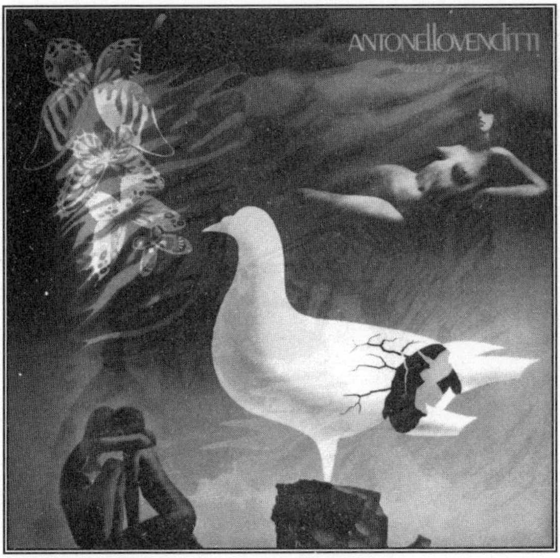

dalla moglie che nella seconda non riconosce più il padrone), passiamo al romanzo incompiuto: *Idolon* è il titolo, o forse meglio l'ipotetico titolo del libro che Venditti avrebbe scritto tra il 1976 e il 1978. Come spiega Stefano "Solegemello" sul sito www.solegemello.net, citando stralci di articoli usciti negli anni a cavallo tra i Settanta e gli Ottanta:

> Secondo una prima versione (Carlo Massarini, «Rolling Stone», 12-25 aprile 1980), lo scritto è una specie di colossal a metà fra *Ben Hur* e i cantautori, destinato a diventare uno spettacolo teatrale o un film; secondo un'altra versione («Tutto», agosto 1978, n. 14) sarebbe invece un romanzo di fantascienza che narra le avventure di un cantautore nei secoli futuri. Infine nell'intervista rilasciata a Enzo Caffarelli per «Music» (giugno 1981, n. 28) il romanzo viene citato con il titolo di *Idolo* e Venditti dichiara che probabilmente il romanzo non vedrà mai una conclusione.

Il Venditti scrittore lascia ora il posto al Venditti "scritto": cinque, salvo errori o omissioni, sono i libri che si occupano di Antonello. Il primo, a cura di Luigi Granetto e pubblicato nel 1976 da Anteditore, s'intitola *Antonello Venditti. Tutti i testi*; al 1981 risale *Antonello Venditti. Canzoni*, curato dall'amico cantautore Giorgio Lo Cascio per Lato Side, mentre quindici anni dopo (Edizioni Bastogi, 1996) esce *Antonello Venditti. Con il cuore nella gola. Dal sole di Roma capoccia al cuore*, scritto da Maurizio Micale; del 2004 è *Che fantastica storia* (De Ferrari) di Pino Casamassima, mentre *Verso Antonello. Percorsi nei testi di Antonello Venditti* (2007) è il titolo del libro scritto da Manuela Rigamonti per le Edizioni Bastogi. Restano da citare le voci dedicate a Venditti dal *Dizionario della canzone italiana* (Armando Curcio, 1990), a cura di Gino Castaldo (a scrivere di Venditti è stato Andrea Terrinoni) e dal *Dizionario completo della canzone italiana* curato da Enrico Deregibus per Giunti editore nel 2006.

15. Padre e figlio dell'amore

Si chiama Francesco Saverio ed è nato a Roma il 27 agosto 1976 da Simona Izzo e Antonello Venditti, che ha reso nonni di due bambini, Alice e Tommaso, avuti da Alexandra La Capria. Di professione attore e doppiatore, Francesco ha collaborato con il padre in più occasioni: *Dalla pelle al cuore*, il videoclip della canzone tratta dall'omonimo album del 2007, ha vinto il premio Roma Videoclip 2007, consegnato nella Casa del Cinema di Villa Borghese durante la Festa del Cinema di Roma. Altri due video tratti dallo stesso album sono *Regali di Natale* e *Scatole vuote* (i tre video sono stati pubblicati in Dvd in un'edizione speciale di DALLA PELLE AL CUORE, uscita il 14 novembre 2008). E c'è anche un quarto video, quello di *Unica (Mio danno ed amore)*, la canzone contenuta nel disco del 2011.

Sempre in UNICA c'è un brano intitolato *E allora canta*: «Potrebbe essere dedicata a mio figlio che lotta per il lavoro, per l'amore, per la famiglia», aveva dichiarato Antonello Venditti a Carlo Moretti della «Repubblica» (25 luglio 2011).

E allora canta
Se quel lavoro che avevi perso

adesso non lo trovi più
se quell'amore che credevi immenso
adesso non ritorna più
mio caro amico questo mondo è un mostro
e non è fatto come piace a te
tra mille stelle dell'universo
adesso tu sei uguale a me…
allora canta

Ma non lo senti che il vento cambia
senti che vento che ci tira su
respiro l'aria della montagna
e non la senti tu… non la senti tu
e per la strada un uomo guarda
il movimento della gioventù
il gran sorriso di una compagna
non lo vedi tu… non lo vedi tu
e allora canta… canta

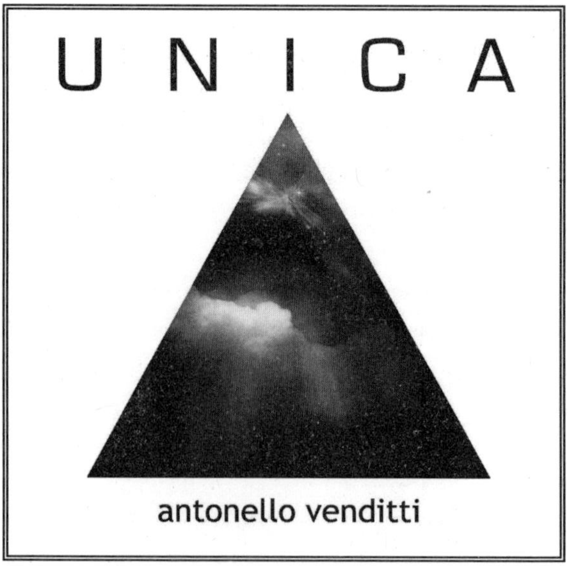

La canzone «parla di due amici che si ritrovano e uno dei due racconta di come la crisi morde la sua vita, tutto va male, il lavoro se ne va, l'amore pure… e allora canta. Canta, intendo dire, la tua voglia di vivere e di cambiare le cose».

> Ne abbiam passati di giorni tristi
> di solitudine e melanconia
> passati invano nel non capirsi
> mentre la vita ci scappava via
> sono bellissimi questi momenti
> e così carichi di energia
> il ritrovarsi senza tormenti
> ci fa volare con la fantasia
> e allora canta… amico canta…
> canta insieme a me… allora canta
> la libertà ritornerà
> la libertà ritornerà
> la libertà ritornerà
> la libertà ritornerà

Ma come vive Francesco Venditti il rapporto con il padre? Lucio Giordano (giornalista, regista televisivo e scrittore, attualmente inviato in video di Rai 1) ha intervistato il figlio di Antonello per il settimanale «Di Più» a fine 2001, intervista ripubblicata da Giordano nel suo blog luciogiordano.wordpress.com il 9 febbraio 2013:

> «"Come sto?". Da almeno quattro o cinque anni, quasi tutte le volte che papà e io ci vediamo, lui mi saluta così: "Come sto?". Poi, con un sorriso ironico e giocoso aggiunge: "Mi trovi dimagrito? Il viso è rilassato? Insomma, sono in forma o no?". Solo dopo averlo rassicurato con un divertito "sembri un pischello", mi chiede: "E tu come stai?"».
> Francesco Venditti, il trentaseienne figlio unico del cantautore Antonello Venditti e della attrice e sceneggiatrice Simona Izzo, racconta

subito questo episodio ricorrente, per illustrare il rapporto che si è instaurato con suo padre negli ultimi anni. Fa capire, insomma, che tra di loro i ruoli sono cambiati progressivamente. In alcuni momenti è come se si fossero ribaltati. «Papà oscilla da atteggiamenti di grande sicurezza ad altri in cui lo devo rassicurare», spiega Francesco. «Poi, però, quando capisce che le parti si stanno invertendo, mi guarda negli occhi e seriamente esclama: "Amici, va bene. Però ricordati che io sono sempre tuo padre"».

Giordano chiede poi a Francesco quale sia secondo lui la canzone più bella scritta e interpretata da Antonello.

Mezzogiorno, tutto scompare,
«Avanti! tutti al bar».
Dove Nietzsche e Marx
si davano la mano
e parlavano insieme
dell'ultima festa
e del vestito nuovo,
fatto apposta
e sempre di quella ragazza
che filava tutti
(meno che te)
e le assemblee e i cineforum
i dibattiti mai concessi allora
e le fughe vigliacche
davanti al cancello
e le botte nel cortile
e nel corridoio,
primi vagiti di un '68
ancora lungo da venire
e troppo breve, da dimenticare!
E il tuo impegno che cresceva

sempre più forte in te…
«Compagno di scuola, compagno di niente
ti sei salvato dal fumo delle barricate?
Compagno di scuola,
compagno per niente
ti sei salvato
o sei entrato in banca pure tu?»

«*Compagno di scuola*», risponde Francesco. «Un brano che descrive benissimo papà, le sue passioni ideologiche, la sua sensibilità». E quando il giornalista gli chiede se papà Antonello abbia mai scritto una canzone ispirata a lui, Francesco racconta un tenero episodio:

> Ufficialmente no. Che l'avesse fatto l'ho scoperto solo una quindicina d'anni fa. Mi trovavo in Puglia, a Monopoli, per girare un film, e una sera a fine lavorazione rientrai in albergo stanco morto. Accesi la tv. Stavano trasmettendo un concerto di papà in diretta da Firenze. Tra un brano e l'altro mio padre abbassò il tono della voce, che a un certo punto divenne solenne. «Questa canzone», disse, «la dedico a mio figlio Francesco. L'ho scritta ispirandomi a lui». La canzone era *Peppino*.

Peppino, Peppino,
figlio dell'amore
in quale vicolo o strada
batterà il tuo cuore
in quale culla di pietra pura
imparerai la vita è un'avventura.
Peppino, Peppino,
tu la dovrai amare
amare è dura
e senza frutti al sole
sei tu il coraggio e la fantasia
la vita tua diventa mia.

E da solo andrai
verso il mio domani
con i tuoi occhi
e con i miei occhiali
e non sei solo,
solo nell'amore,
Peppino dai i tuoi occhi al cuore.
Un padre e un figlio
con un solo abbraccio
squarciano il tempo,
vanno oltre lo spazio
cani randagi nella notte scura
la vita no,
non fa paura.
Cani randagi nella notte scura
la vita no,
non fa paura

«Solo allora capii che quel figlio dell'amore, come recitava una strofa del brano, ero io», conclude. «Piansi per la commozione. Avrei voluto correre allo stadio e abbracciarlo. Ma il nostro rapporto all'epoca era ancora ingessato».

16. Che impegno quelle donne

Ascolta Elisa
ho voglia di parlare e non di far l'amore
senza voglia e senza amore
stasera non mi va
[*Elisa*, Sergio Endrigo, il brano presentato al Festival di Sanremo del 1973 in cui il nome Elisa è citato settantaquattro volte]

E per poi farle cantare
le canzoni che ha imparato
io le costruirò un silenzio
che nessuno ha mai sentito
[*Margherita*, Riccardo Cocciante, del 1976; nel testo il paroliere Marco Luberti fa compiere al protagonista imprese degne di un supereroe]

Mariù, Marta, Lilly, Maria Maddalena, Marisa, Sara, Giulia, Eleonora, Cinzia, Stella, Esterina, Cristina, Lula, Laura, Aicha, Marì, Cecilia, Maryanne, Claudia, Paola (i nomi delle donne protagoniste delle canzoni di Antonello Venditti)

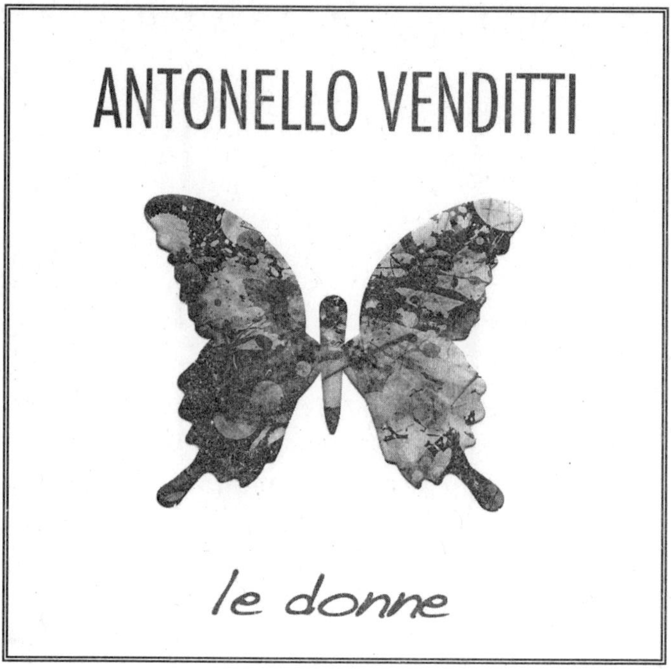

«A tutte voi, fiori gentili al vento di primavera e misteriose amanti, complici di vita e dell'amore, grazie per il futuro certo che ci darete… Auguri! E adesso… pensieri nel mio diario! Buon 8 marzo»: sono le ore 00.00 dell'8 marzo 2013, e così saluta la Festa della donna Antonello Venditti sulla sua pagina ufficiale di Facebook. Parole semplici, come semplice è il testo di *Unica (Mio danno ed amore)*, la canzone che dà il titolo all'ultimo album di inediti e che Antonello – su «la Repubblica» del 25 luglio 2011– ha descritto così in occasione della presentazione del disco: «Rappresenta tutte le donne in un disco tutto al femminile, dove l'amore inizia quando in realtà finisce».

Noi due non ci parliamo noi due non ci vediamo
noi due, due foglie cadute dallo stesso ramo
noi due che dell'errore abbiamo fatto amore
noi due, due arterie diverse dello stesso cuore

tu ora dove sei
se vivi un'altra storia con chi stai
chi ti prenderà
chi ti stringerà
chi ti griderà sei unica
mio danno ed amore
e passa il tempo lento
mi giro e mi tormento
e se ti chiamo lo so
che trovo sempre spento
perché non ci parliamo
perché non perdoniamo
noi due, due foglie cadute dallo stesso ramo

Ma come è cambiato nel corso degli anni il modo in cui Antonello parla delle donne e si rivolge a loro? Forse è cambiato in parallelo con il passaggio dall'urgenza del sociale al bisogno del personale, quel personale che una volta – si sta parlando soprattutto degli anni Settanta – era politico, come ben spiega l'editorialista e saggista Massimo Ortali in *Leggere l'anarchismo – Il personale è politico*, un dossier pubblicato sul numero 344 di «A-Rivista anarchica» del maggio 2009:

> "Il personale è politico" fu uno degli slogan più puntuali e pregnanti di anni che ormai paiono distanti secoli. Quella dichiarazioni di intenti rappresentò uno degli aspetti più significativi, e innovativi, nel modo di intendere l'impegno e la partecipazione sociale; contro la repressione dei comportamenti sessuali cosiddetti "anormali" e delle forme di resistenza alla cultura della produzione definita "malattia mentale".

Magari in modo non così estremo – dopotutto Antonello all'epoca era un militante del Partito Comunista Italiano, non certo un simpatizzante di questo o quel gruppo extraparlamentare – ma Venditti ha sempre arricchito di contenuti sociali le sue canzoni personali, affiancandole di fatto a brani di più evidente impegno, fin dal titolo.

Basti pensare a *Canzone per Seveso* (1976, da ULLÀLLA), sul tragico incidente del 10 luglio 1976 nell'Icmesa di Meda, che provocò la fuoriuscita di una nube di diossina (non vi furono morti, ma circa duecentocinquanta persone furono colpite da cloracne).

Noi siamo qui prigionieri del cielo
come giovani indiani
risarciteci i cuori,
noi siamo qui,
senza terra né bandiera,
aspettando qualcosa da fare
e che non porti ancora
dei torroni a Natale,
telegrammi
"ci pensiamo noi"
condoglianze!
condoglianze!

Oppure si pensi a *Eroi minori* (1995, da PRENDILO TU QUESTO FRUTTO AMARO), che comunemente si ritiene dedicata al sacrificio della scorta del magistrato Giovanni Falcone, assassinato dalla mafia insieme alla moglie Francesca Morvillo nella strage di Capaci del 23 maggio 1992, ma è impossibile non pensare anche alla morte dell'altro magistrato, Paolo Borsellino, ucciso in un attentato insieme a cinque agenti in via D'Amelio, a Palermo, neanche due mesi dopo, il 19 luglio.

Sole caldo
e sangue rosso sull'asfalto
è il cuore di Palermo
che adesso vola in alto
è il cuore dei ragazzi

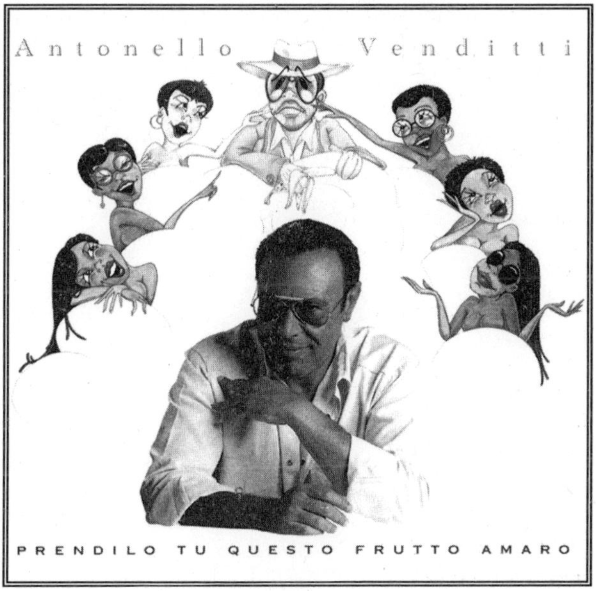

di tutti questi santi
di cui ti scordi sempre il nome
e s'alza il canto
e nasce una canzone
nasce una canzone

Ancora, *E li ponti so' soli*, pubblicata per la prima volta nell'ORSO BRUNO (1973) e reincisa in una versione minimal sei mesi dopo per l'album LE COSE DELLA VITA, una canzone sull'emarginazione:

Quando er Tevere sogna
e li ponti so' soli
una vecchia
se prepara pe' dormi'.
Sembra sola da mille anni,
ma il suo viso è ancora bello
e li gatti

loro sì che la sanno apprezza'.
E sta vecchia tutta sola
ha patito mille pene
e cor fegato magnato
sempre zitta, zitta, zitta.
No no no no,
nun me guarda' così,
nun me di' che stai a mori'.
Oh no, no…

O *Il treno delle sette* (sempre da LE COSE DELLA VITA), nella quale una madre operaia sogna il riscatto attraverso il percorso di studi della figlia.

Tra le fabbriche bruciate
passa il treno delle sette
con le facce disegnate
dal cammino del dolore
figlia mia che mi rimane
col vestito della sera
ho comprato tanti libri
per cercare di spiegare
chiedo scusa all'ignoranza
chiedo scusa alla tua scuola
onestà è una cosa sola
onestà è una cosa grande

E poi ci sono le canzoni sulla droga come *Chen il cinese*, sulla tragica fine di uno spacciatore, da SOTTO IL SEGNO DEI PESCI, uscito l'8 marzo 1978:

Chen il cinese
è passato di qua
lui era un bravo ragazzo

parlava di cose
mai viste e segrete
e l'erba che dava
era sempre più dolce
la coltivava
in ricordo di lei
ma Chen il cinese
non tornerà

E visto che di donne ci occupiamo in questo capitolo, ci sono *Eleonora* (da SOTTO LA PIOGGIA del 1982), brano sulla cocaina:

Eleonora nuda sul divano
tira su
tira su
e gira questa stanza gira sempre più
sempre più
una festa proibita
come da copione
c'è perfino là seduto stanco
un assessore
tutta gente per bene e di cultura
che della vita non ha mai paura

E soprattutto *Lilly*, dall'omonimo disco del 1975, una delle canzoni più famose e amate di Venditti, ma anche fra quelle che gli hanno procurato più critiche, compresa l'accusa di aver strumentalizzato la "tragedia del buco".

Lilly...
quattro buchi nella pelle
carta di giornale
nuda e senza scarpe

bianca, e non in ospedale
senza catene
senza denti per mangiare
una montagna di rifiuti
nessun latte ti potrà salvare...
Studiavamo insieme
viaggiavamo insieme
[...] Lilly...
quattro arance la domenica mattina
dopo due anni
non mi riconoscevi
eravamo due bambini
io non ero il tuo dottore
non riuscivi a fare l'amore...
Lilly siringa, polizia
quale treno ora?
Quale libro ora?
Quale amore ora,
ti si potra ridare?
Lilly amore,
amore mio...

E sfilano ancora *Sara*, la ragazza madre (con la sua versione "moderna", Laura), Marta, che reincarna un po' la mamma e un po' la figlia del *Treno delle sette*, Giulia che entra in competizione con un uomo per una donna e Maria Maddalena che attualizza il personaggio della "peccatrice", l'ebrea Esterina alle prese con i conflitti tra le religioni e la bambina naufraga Aisha, che abbiamo già incontrato nell'introduzione (è la "quarta di tremila persone"), e ancora la più carnale Mariù, per non dire dell'anonima *Stupida signora* che "in estate s'innamora" e in inverno torna "ad essere una suora".

Concludiamo con *Cecilia*, dietro la quale si "nasconde" la santa patrona della musica, cui è dedicata la chiesa di Santa Cecilia in Trastevere:

A te io affido il mio cuore
a te che sei il mio unico amore
santo e confuso come il primo amore
calci e sputi nella notte e la luna su
quanta luce sulla spada io non ci vedo più
per te io muoio e canto
per te che sei il mio unico amore
santo e sicuro come il vero amore

La donna come ricerca della spiritualità, a conferma che in UNICA non è solo la copertina, con quel "divino" triangolo, a raccontarci di un Venditti alla ricerca di qualcosa che forse non ha ancora trovato.

17. Dolce Enrico, benvenuto Beppe

Enrico
se tu ci fossi ancora
ci basterebbe un sorriso
per un abbraccio di un'ora
[*Dolce Enrico*, BENVENUTI IN PARADISO, 1991]

E bomba o non bomba noi
arriveremo a Roma
malgrado voi [...]
E bomba su bomba noi
siamo arrivati a Roma
insieme a voi
[*Bomba non bomba*, SOTTO IL SEGNO DEI PESCI, 1978]

Sono bellissimi questi momenti
e così carichi di energia
il ritrovarsi senza tormenti
ci fa volare con la fantasia
e allora canta... amico canta

canta insieme a me… allora canta
la libertà ritornerà
la libertà ritornerà
[*E allora canta*, UNICA, 2011]

Questo capitolo inizia dalla fine, dal 20 febbraio 2013, quattro giorni prima delle elezioni che avrebbero terremotato il Parlamento italiano: sono esattamente le 15:33 quando sulla pagina ufficiale di Facebook di Antonello Venditti uno stato di poche righe scatena in men che non si dica un putiferio tra i fan. Sono poche, entusiastiche parole: "BENVENUTO BEPPE! A TE E A TUTTO IL MOVIMENTO! TI ASPETTIAMO A SAN GIOVANNI!!!! Bomba o non bomba siamo arrivati a Roma… insieme a voi!!". Maiuscole, segni d'interpunzione, annessi e connessi sono quelli originali, come in una fotografia. Quanto alla firma, è semplicemente "Antonello".

Il primo commento non si fa attendere. Un minuto dopo I.B. – per motivi di privacy, mi limiterò alle iniziali, vere o false che siano – scrive: "Antonello, hai sentito la nuova canzone di Adriano Celentano?". Si riferisce a *Ti fai del male*, il brano scritto dal Molleggiato e messo on line il giorno prima sia sul sito www.ilmondodiadriano.it, sia sul canale YouTube Celentanoofficial. Sei minuti e undici secondi che iniziano e si concludono con "Se non voti ti fai del male": un vero e proprio sermone in musica, con strofe cantate e intermezzi recitati "alla Celentano" (se c'erano anche delle pause, sono state tagliate).

Pur senza essere esplicito come Venditti, Adriano afferma che "i politici sono lontani anni luce dal capire quali siano davvero i motivi di questa crisi" e "non c'è altro mezzo per risolvere la crisi, dobbiamo cancellare tutto ciò che ci rattrista, stracciare il brutto dell'Italia come si straccerebbe una lettera scritta da uomini bugiardi e piena di errori, ma soprattutto piena di inganni. Quindi non ci rimane che riscrivere la storia del nostro paese e rifarlo da capo, cioè ricostruirlo da capo, ricostruirlo fisicamente… da capo". Ma se Celentano non nomina Beppe (ovviamente Grillo), i prossimi versi sono in grado di cancellare eventuali dubbi:

Si dice in giro che fra i partiti
c'è un'onda nuova che è partita dal niente,
come una valanga
sta avanzando come un ciclone
per abbattere il marcio della nazione

Fin qui, Celentano. Il 21 febbraio – quasi si stesse svolgendo una campagna elettorale parallela a colpi di canzoni – sarà il turno di Edoardo Bennato. Neanche il cantautore napoletano nomina Beppe, però un grillo nel testo c'è: "un" grillo, attenzione, non Grillo. Del resto, in casi come questi, una maiuscola al posto di una minuscola – o viceversa – è in grado di fare la differenza. Bennato lo sa e ci gioca, anche se la lettura che daranno della canzone gli attivisti del MoVimento 5 Stelle sarà, come dire, poco giocosa. Il titolo in effetti è eloquente, maiuscola o non maiuscola: *Al diavolo il grillo parlante*. E non è che i versi siano meno eloquenti:

Al diavolo il predicatore
che predica la sua morale
che predica perché vuol bene
al pubblico pagante.
Al diavolo il grillo parlante
che parla a tutta la gente
che parla e vende parole
che solo Pinocchio non sente

Bennato avrebbe sempre potuto dire che il brano è solo uno dei quattro che integreranno l'album SONO SOLO CANZONETTE per l'allestimento del nuovo musical *Pinocchio il paese dei balocchi*; anzi, lo dice. Ma i grillini ovviamente non la bevono, e sul web scoppia la rivolta: "Sei un venduto", "Berlusconi ti ha pagato", "Smettila con 'ste canzonette ormai manca poco". Ben diversa, ovviamente, l'accoglienza tributata dai seguaci del comico, o ex comico genovese, ad *Analogico digitale*, il brano scritto e composto da Massimo Bubola e Beppe Grillo e pubblicato nel nuovo album del poeta e musicista veronese, IN ALTO I CUORI, uscito a gennaio 2013. La canzone è "un 'blues funereo' derivato da riflessioni di Bubola e Grillo di qualche anno prima 'sulla fine della cultura contadina, quella del segno, della ritualità, delle stagioni' a confronto con la cultura digitale 'precaria e virtuale'" (Repubblica.it, 20 febbraio 2013).

Partirono in due
ed erano abbastanza,
un pianoforte e una chitarra
e molta fantasia.
E fu a Bologna
che scoppiò la prima bomba,
fra una festa e una piadina
di periferia.
E bomba o non bomba noi…
arriveremo a Roma,
malgrado voi.
A Sassomarconi
incontrammo una ragazza
che viveva sdraiata
sull'orlo di una piazza,
le dicemmo: «Vieni,
dolce sarà la strada»,
lei sfogliò il fiore
e poi ci disse: «No».
Ma bomba o non bomba noi…
arriveremo a Roma,
malgrado voi.
A Roncobilaccio
ci viene incontro un vecchio,
lo sguardo profondo
e un fazzoletto al collo,

ci disse: «Ragazzi in campana,
qui non vi lasceranno andare,
hanno chiamato la polizia a cavallo».
Ma bomba o non bomba noi...
arriveremo a Roma,
malgrado voi

Torniamo a Venditti, e torniamoci facendo un passo indietro: il 26 maggio del 2012, sull'edizione web di Libero (www.liberoquotidiano.it) era comparso un breve articolo sull'*endorsement* di Antonello: "Dopo l'outing di Mina e di Adriano Celentano, anche Antonello Venditti dichiara tutta la sua simpatia per Beppe Grillo e il suo MoVimento 5 Stelle: 'Mi fa piacere che Grillo abbia citato la mia canzone, che racconta la storia democratica di questo Paese', ha detto Venditti, autore di *Bomba non bomba*, la canzone del 1978 che oggi il comico ha citato nel suo blog".

A Firenze dormimmo
e un intellettuale,
la faccia giusta
e tutto quanto il resto,
ci disse: «No, compagni, amici,
io disapprovo il passo,
manca l'analisi
e poi non c'ho l'elmetto».
Ma bomba o non bomba noi...
arriveremo a Roma,
malgrado te.
A Orvieto poi
ci fu l'apoteosi,
il sindaco, la banda
e le bandiere in mano,
ci dissero:

«L'autostrada è bloccata,
e non vi lasceranno passare,
ma sia ben chiaro che noi,
noi siamo tutti con voi».
E bomba o non bomba voi...
arriverete a Roma,
malgrado noi.
Ma rallentammo a lungo
e poi ci fu un discorso,
il capitano disse:
«Va bene, così sia»,
e la fanfara poi intonò
le prime note
e ci trovammo proprio
in faccia a Porta Pia.
E bomba o non bomba noi...
arriveremo a Roma,
malgrado voi

In quell'articolo, così Venditti spiegava e "si" spiegava la propria scelta (di campo) e la scelta (della canzone) operata dal comico genovese: «La mia era una canzone che raccontava un viaggio, un'avventura che sembrava impossibile e che invece si è poi rivelata possibile: l'arrivo della democrazia a Roma. In *Bomba o non bomba* il viaggio partiva da Bologna e seguiva diverse tappe. Quello di Grillo invece comincia da Parma. È il cammino di Grillo e di tante persone che sperano che ci sia la democrazia in Italia».

La gente ci amava
e questo è l'importante,
regalammo cioccolata
e sigarette vere,
bevemmo poi del vino rosso

nelle mani unite
e finalmente
ci fecero suonare.
E bomba su bomba noi...
siamo arrivati a Roma,
insieme a voi

Ma eccoci di nuovo in diretta, il 20 febbraio. Passano i minuti, e sulla pagina ufficiale di Antonello Venditti rotola una valanga, proprio così, di commenti. Ecco come un altro fan, M.B. – offrendo su un piatto d'argento il titolo di questo capitolo – commenta lo "stato dell'*endorsement*": "Io mi ascolto *Dolce Enrico*... 'Benvenuto Beppe' non mi suona bene... pensaci anche tu!". E a ruota una seconda vendittiana, D.P., fa capire come passato e presente possano convivere in una scelta di campo e/o nel segreto – si fa per dire – della cabina elettorale: "Sono felice che anche Antonello la pensi come me, visto la stima che ho per lui... che belli i tempi di Berlinguer quando la sinistra era una vera sinistra!!! Ogni tanto ascolto *Dolce Enrico* e provo tanta nostalgia".

Dolce Enrico... «Quando Benigni prese in braccio Berlinguer, De Gregori e io eravamo dietro gli amplificatori con Veltroni», ricordava Venditti al giornalista del «Corriere della Sera» Aldo Cazzullo il 27 marzo 2005. Antonello stava parlando del celebre comizio in occasione della manifestazione per la pace promossa il 16 giugno 1983 dalla Fgci, la Federazione giovanile comunista italiana, che si sarebbe sciolta il 22 dicembre 1990, precedendo di qualche mese lo scioglimento della "casa madre", il Partito comunista italiano, deliberato il 3 febbraio dell'anno dopo. Siamo a Roma, alla terrazza del Pincio, e c'è il sole.

Sul palco, un Roberto Benigni non ancora trentunenne introduce Enrico Berlinguer con un discorso dei suoi (di Benigni, non di Berlinguer), finché – al momento di cedere il microfono al segretario del Pci – l'attore che nel 1977 aveva interpretato *Berlinguer ti voglio bene* di Giuseppe Bertolucci compie quel gesto rimasto nella storia della politica italiana (il cantautore romano Luca Barbarossa ha inserito l'episodio nel testo della canzone del 1994, *Le cose da salvare*: "Benigni che tiene in braccio Berlinguer" si trova tra "l'Italia del 25 aprile" e "l'armonica di *Blowin' In The Wind*"). Su Internet girano varie versioni del frammento di un documentario dell'«Unità» che testimonia il momento in cui l'attore prende in braccio, anzi "in collo", come dice lui, il segretario comunista. Per un istante, durante una zoomata, s'intravede dietro un amplificatore, alla destra di un giovanissimo Walter Veltroni, allora segretario della Fgci, l'inconfondibile attaccatura dei capelli di Antonello (qualcuno giura di aver visto anche la barra parasudore dei Ray-Ban, ma quanto a credibilità siamo al livello dell'avvistamento di un Ufo).

Berlinguer morirà l'anno dopo a Padova. Il 7 giugno – in vista delle elezioni europee, in calendario dieci giorni dopo – aveva tenuto un comizio in piazza della Frutta. Colpito da un ictus mentre era sul palco e stava per pronunciare la frase: «Compagni, lavorate tutti, casa per casa, strada per strada, azienda per azienda», il segretario del Partito Comunista si accasciò in diretta, terreo in volto. Nonostante questo, proseguì con il suo discorso fino alla fine, sebbene fosse la stessa folla, dopo averlo sostenuto, a urlargli: «Basta, Enrico!». Poche ore dopo, tornato in albergo, Berlinguer entrò in coma. Morì alle 12:45 dell'11 giugno nell'ospedale Giustinianeo, in seguito a un'emorragia cerebrale. Il 17 giugno il Pci, nonostante la scomparsa del segretario, decise di lasciare Berlinguer come capolista, chiedendo di votarlo in modo plebiscitario. E fu davvero un plebiscito: per la prima e unica volta, il Partito Comunista sorpassò la Democrazia Cristiana con il 33,3 per cento dei voti contro il 33.

Quando Venditti pubblica *Dolce Enrico* nell'album BENVENUTI IN PARADISO (curiosamente lo stesso titolo italiano del film *Come See The Paradise* del 1990, diretto da Alan Parker) è il 1991: la storia, come abbiamo visto, dopo Berlinguer si porterà via anche il Pci.

Enrico
se tu ci fossi ancora
ci basterebbe un sorriso
per un abbraccio di un'ora

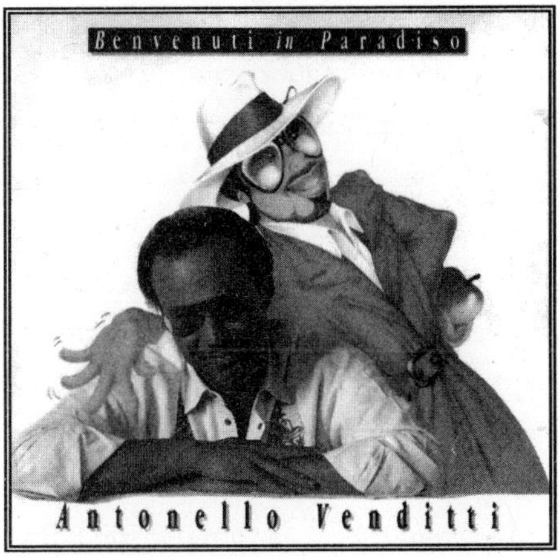

Inizia così la canzone, ma subito il ricordo commosso lascia il campo alla denuncia politica, che – complice la sterzata vocale di Antonello – ben presto si trasforma in un grido di dolore:

> Il mondo cambia
> ha scelto la bandiera
> l'unica cosa che resta
> è un'ingiustizia più vera
> qui tutti gridano
> qui tutti noi siamo diversi
> ma se li senti parlare
> sono da sempre gli stessi
> quante bugie
> quanti segreti in fondo al mare
> pensi davvero che un giorno
> noi li vedremo affiorare?
> Oh no non dirmi no
> dimmi che quel giorno ci sarò

Poi è ancora tenerezza:

> Chiudo gli occhi e penso a te
> dolce Enrico
> nel mio cuore accanto a me
> tu sei vivo
> chiudo gli occhi e tu ci sei
> dolce Enrico
> tu sorridi accanto a me

"A San Giovanni stanotte / la piazza è vuota / ma quanta gente che c'era / sotto la grande bandiera": Venditti si riferisce ai funerali di Berlinguer, celebrati il 13 giugno 1984 a Roma, quando un milione di persone salutò per l'ultima volta il "dolce Enrico" in piazza San Giovanni. Le immagini dell'epoca mostrano la cassa in legno chiaro sotto il simbolo del Pci con la falce e il martello, tanti pugni chiusi, Nilde Jotti piccola piccola sul palco e alle sue spalle una gigantografia di Berlinguer, con i militanti che mostrano affranti la prima pagina dell'«Unità» con la grande scritta rossa "ADDIO" tutta in lettere maiuscole. Ma la fotografia più famosa è sicuramente quella del presidente della Repubblica Sandro Pertini, quasi ottantotto anni, appoggiato alla bara con entrambe le mani, in un estremo abbraccio:

Chiudo gli occhi e penso a te
dolce Enrico
nel mio cuore accanto a me
tu sei vivo
chiudo gli occhi e tu ci sei
dolce Enrico
tu sorridi accanto a me

Un'altra canzone ricorda le esequie del leader comunista: s'intitola proprio *I funerali di Berlinguer* e appartiene ai Modena City Ramblers, che l'hanno cantata e suonata nell'album del 1994 RIPORTANDO TUTTO A CASA, insieme – fra le altre – alle loro versioni dell'immortale *Bella Ciao* e di *Contessa*, l'inno sessantottino (anche se il brano è del 1966) di Paolo Pietrangeli, figlio del grande regista Antonio, noto sia come cantautore "di lotta", sia come regista a sua volta (partecipò al documentario "collettivo" *L'addio a Enrico Berlinguer*, girato proprio durante i funerali del segretario comunista). Nel brano dei Modena City Ramblers è impossibile non notare nel testo le similitudini con *Bomba non bomba*:

A Modena in stazione c'era il treno del partito,
ci ha raccolti tutti quanti, le bandiere e gli striscioni
a Bologna han cominciato a tirare fuori il vino
e a leggersi a vicenda i titoli dell'«Unità».
C'era Gianni lo spazzino con le carte da ramino,
ripuliva tutti quanti da Bulagna a Sas Marcoun,
ma a Firenze a selta fora Vitori "al professor",
do partidi quattro a zero dopo Gianni l'è stè boun.

[...] Roma Termini scendiamo, srotoliamo le bandiere,
ci fermiamo in piazza Esedra per il solito caffè
parte Gianni il segretario e nueter tot adree
per andare a salutare il compagno Berlinguer

Un altro passo indietro che è un vero e proprio salto nel passato ci riporta alle due canzoni che Antonello Venditti aveva dedicato al cosiddetto "compromesso storico": *Nostra signora di Lourdes* (da ULLÀLLA,

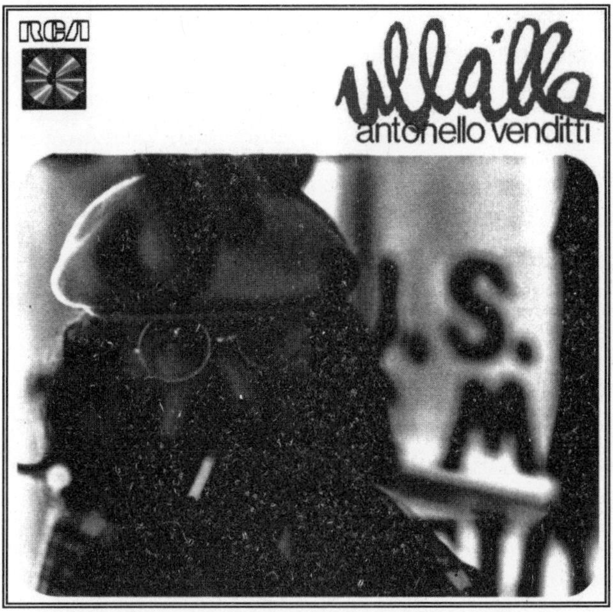

1976) e – con l'ennesimo portato di corsi e ricorsi – *Modena* (da BUONA DOMENICA, 1979). Un flash da Wikipedia sintetizza cosa fu, o forse meglio "non" fu il compromesso storico: si trattò di una proposta dal "compagno Berlinguer" (che a causa di quella proposta qualcuno, dentro e fuori il Pci, tacciò di essere un po' meno "compagno") alla Democrazia Cristiana:

> per una proficua collaborazione di governo (aperta anche alle altre forze democratiche) che doveva interrompere così la cosiddetta *conventio ad excludendum* del secondo partito italiano dal governo. In tal modo, si voleva anche mettere al riparo la democrazia italiana da pericoli di involuzione autoritaria e dalla strategia della tensione che insanguinava il paese dal 1969. Berlinguer si vedeva peraltro sempre più deciso a sottolineare l'indipendenza dei comunisti italiani dall'Unione Sovietica e di rendere quindi il suo partito una forza della società occidentale.

La proposta fu "formulata da Enrico Berlinguer nell'autunno del 1973 nei tre famosi articoli su «Rinascita» dedicati al colpo di Stato – sostenuto dagli Stati Uniti – che aveva abbattuto in Cile il legittimo governo democratico di Salvador Allende" (Giuseppe Chiarante, *Alle origini del compromesso storico*, in «La rivista del Manifesto», numero 45, dicembre 2003), usciti tra il 28 settembre e il 12 ottobre 1973.

Venditti, come abbiamo visto, scrive e canta per la prima volta del compromesso berlingueriano nel 1976, e non si direbbe particolarmente entusiasta, o forse si limita a dare spazio a entrambe le campane che si fanno sentire fuori e probabilmente anche dentro di lui:

> «Matrimonio per amore!»,
> un giorno suggerì l'amico al suo compare
> «questa volta s' ha da fare, con le carte
> e con l'anello al dito e la lottizzazione del terreno,
> te lo giuro, te lo giuro amore davanti
> a nostra Signora di Lourdes.

[...] io credo che sia una lezione di democrazia
e invece io credo che sia una spia
e che questa è una sporca bugia,
che non promette affatto bene»
[...] «Sine cura, lascia stare
e non parlarmi sempre di rivoluzione,
di emancipazione sessuale, di rivendicazione salariale
proprio adesso che siamo sdraiati,
preganti e piangenti davanti a nostra Signora di Lourdes»

Quando esce *Modena*, nel settembre del 1979, le campane sono già suonate a morto da più di anno: il 9 maggio 1978, dopo una prigionia di cinquantacinque giorni nel covo di via Montalcini, le Brigate Rosse avevano fatto ritrovare a Roma, in via Caetani, nel portabagagli di una Renault 4 rossa, il corpo senza vita del presidente della Democrazia Cristiana Aldo Moro, che era stato rapito dalle Br il 16 marzo. Era il giorno del primo dibattito sulla fiducia al nuovo governo Andreotti, che sarebbe nato con il voto favorevole del Partito Comunista Italiano di Berlinguer. L'esecutivo si sarebbe dimesso il 31 gennaio 1979, dopo il ritiro della fiducia da parte del Pci.

Con le nostre famose facce idiote, eccoci qui
con i nostri sorrisi tristi, a parlarci ancora di noi
e non c'è niente da scoprire, niente da salvare
nelle nostre parole
ricordi, libri da buttare, frasi da imputare
di due bandiere dritte in faccia al sole.
Ma cos'è questa nuova paura che ho?
Ma cos'è questa voglia di uscire, andare via?
Ma cos'è questo strano rumore di piazza lontana,
sarà forse tenerezza o un dubbio che rimane?
Ma siamo qui, a Modena,
io resto qui a guardarti negli occhi, lo sai

e non c'è tempo per cambiare,
tempo per scoprire un nuova illusione

"Vicino alle 'bandiere dritte in faccia al sole', compare a *Modena* la disillusione, la consapevolezza di un mondo che cambia e di un partito che non sarà mai più lo stesso [...]. Il declino del 'grande partito rosso italiano' era quindi cominciato, la ricerca di 'una nuova identità' continua anche oggi", scrive Stefano Latini, uno dei maggiori esegeti della poetica vendittiana, su www.solegemello.it.

La nostra vita è Coca-Cola, fredda nella gola
di un padre troppo tempo amato
quanto valeva, aver parlato già da allora,
quando tutto era da fare e tu non eri importante
ma siamo qui, a Modena,
io resto qui, con un bicchiere vuoto nella mano
e non c'è tempo per scoprire,
tempo per cambiare cosa abbiamo sbagliato
la nostra vita è Coca-Cola, fredda nella gola
di un ordine che non abbiamo mai voluto.
Ma cos'è questa nuova paura che ho?
Ma cos'è questa voglia di uscire, andare via?
Ma cos'è questo strano rumore di piazza lontana?
Un nuova tenerezza o un dubbio che rimane

A Latini fa eco da www.debaser.it un recensore che si firma semplicemente London, secondo il quale *Modena*

> coglie e riporta in modo molto sincero la fine di un'epoca, il tramonto dell'ideologia comunista in Italia, la disillusione ("La nostra vita è Coca-Cola, fredda nella gola / di un padre troppo tempo amato") che prende tutta una generazione. Siamo nel 1979, il compromesso storico tra il Partito Comunista e la Dc, che è costato la vita a Moro,

detta la fine delle ideologie contrapposte. Venditti riesce a captare il senso di straniamento tra i militanti e realizza così una bellissima canzone, sofferta e malinconica, con un prezioso sax di Gato Barbieri.

La troupe del fuggiasco
stasera ha cambiato la scena
sulla neve e sul fango
lentamente arrancano piano
e si lasciano indietro,
ridendo, la ricca Milano.
Carovana di gente da circo
sbandata davanti alla nebbia;
io lo spio mentre il vino
mi gonfia le vene
e il fucile imbracciato
aspetto stambecchi

Quattro anni prima di *Modena* e uno prima della *Nostra Signora di Lourdes*, era uscita nel 1975, in LILLY, una lunghissima (quasi dieci minuti, ma c'è una coda strumentale di solo piano) e altrettanto densa canzone allegorico-politica di Antonello, *Lo stambecco ferito*, «una canzone che voi non conoscete per niente, perché è uno di quei brani che non si conoscono», si sarebbe espresso in seguito introducendola alle nuove generazioni di fan.

E un cavallo pezzato di nero
compare nel buio tocca a lui,
innocente, di aprire la lunga teoria
e la donna biondissima e nuda
che cammina di fianco,
non c'è dubbio è la sua segretaria
che porta sulla schiena bianchissima
delle autofatture,

lei amava il Marchese
ancor prima di fargli da schiava
e due negri in livrea celestina
le frustano il seno
poi due fari al limone
attraversano il buio
e una luce azzurrina
sul tetto che gira
fa capire al mio scarso vedere
che è una pantera della polizia
e poi dietro una fila interrotta
da un solo rumore, sono uomini
e spazzaneve della stradale
poi di colpo mi vedo sbucare
una Rolls tutta bianca
con i vetri appannati
da una pallida ombra di cielo
e lo vedo finalmente
quel sigaro nero che brilla:
«È lui lo stambecco ferito
che stavo cercando»

Stefano Latini così spiega il testo della canzone: lo stambecco "è il sistema (rappresentato da un ricco industriale sfruttatore)", mentre "il bracconiere che lo vuole uccidere è la 'giustizia proletaria'. La canzone, come ha dichiarato Antonello in una vecchia intervista, vuole aprire un caso di coscienza, ovvero chiedere se sia giusto uccidere per motivi politici". La risposta "è lasciata all'ascoltatore-lettore", anche se Venditti non si chiama certo fuori, pur lasciando che a rispondere sia la storia, prima della Storia.

Ed il vino ed il sangue
mi sale alla testa:

«Non voglio sparare»
e le lacrime confondono il cuore
dal proprio dovere:
«Dov'è andato, dov'è andato
il coraggio spavaldo di un bracconiere»
la pietà mi fa dire di no
a un leone che fugge
il grilletto è bloccato dal ghiaccio:
«Non voglio vedere»
uno sparo...
riecheggia tremante
per tutta la valle:
«Polizia uccide cacciatore di frodo
sulla terra comasca»
lo stambecco felice
e ubriaco vola lontano
e la nebbia delusa e sconfitta
se ne va... piano, piano

"Fratello, non temere, che corro al mio dovere! Trionfi la giustizia proletaria!": se tre anni prima Francesco Guccini si augurava o comunque prefigurava un finale diverso per la corsa della sua *Locomotiva* (anche se la vicenda si chiudeva con "la macchina deviata lungo una linea morta" e il "treno di lusso" pieno di "gente riverita" che proseguiva senza intoppi verso la sua "lontana destinazione"), il bracconiere di Venditti paga con la vita la crisi di coscienza:

Le racchette da tennis
confuse dietro al sedile
e i suoi occhiali da sole
comprati sulla Costa Smeralda,
tra il soffitto e la pelle
del tetto 40 miliardi di lire

che le mucche domani tranquille
potranno mangiare,
le bottiglie di whisky
ricordo di orge lontane
aspettano di essere aperte
dal loro padrone:
«Industriale ammazza la moglie
e poi fugge lontano»
e due fabbriche chiuse in Calabria
aspettano il pane:
«La polizia, malgrado gli sforzi,
ha perso le tracce»
io li vedo passare davanti
intontito dal freddo
le sue mazze da golf
risplendono al sole
quando lui si riaccende
quel sigaro tanto temuto
quaranta miliardi di lire nascosti
tra l'acciaio e la pelle del tetto
venderà le sue tazze da cesso
in Cina o in Giappone
dopo aver liberato per noia
la bionda compagna
e suo figlio?
E suo figlio girerà
come un biglietto da mille
i college inglesi,
rivedrà suo papino
sulla foto di qualche giornale

Ma chi è "papino"? Sul protagonista in negativo della canzone – una canzone in cui pare che non ci siano buoni, ma solo cattivi, anche se un cattivo se la cava e un altro no (ma forse non era poi così cattivo) – non dovrebbero esserci dubbi: è Felice Riva, legnanese del 1935, figlio di Giulio Riva, proprietario del Cotonificio Vallesusa. Un bel ritratto di Riva è opera del giornalista Leonardo Coen su «la Repubblica» del 18 aprile 1984, dopo che l'imprenditore è stato dichiarato non punibile dai giudici in relazione all'accusa di infrazione valutaria ("possessore all'estero di un pacchetto di azioni del valore di un miliardo di lire, non aveva provveduto al rientro dei titoli entro i termini fissati dalla legge", ma saltò fuori che "dal 1974, due anni prima che la normativa sul rientro dei capitali entrasse in vigore, aveva in tasca il passaporto del Libano" e quindi fu "ritenuto 'non punibile' in quanto cittadino straniero"). Scrive ancora Coen:

> Il biondo Felice Riva, detto Felicino, ragioniere (sia pure a prezzo di faticosi studi), ex consigliere delegato e presidente del Cotonificio Vallesusa, ex presidente del Milan Football and Cricket Club, protagonista di uno dei primi scandali finanziari che negli anni Sessanta misero a soqquadro la Capitale morale [...] era fuggito a Beirut per evitare sei anni di carcere per bancarotta e ricorso abusivo al credito. L'industriale era già stato arrestato a Milano la sera del 4 febbraio 1969 all'uscita di un cinema del centro. Ma la Cassazione annullò il mandato di cattura per vizio di forma. Invece di andare in tribunale e rispondere dei suoi reati (il passivo del crac era stato valutato nel '65 a oltre 46 miliardi di lire e ottomila lavoratori restarono a casa), Felicino preferì la strada della fuga. Nizza, Parigi, Atene, infine Beirut.

Un bel campione, non c'è che dire. E non è, Felicino Riva, l'unico presidente del Milan del quale Antonello Venditti si sia occupato nel testo di una canzone.

> Mi prendo in faccia tutti i fischi della gente
> lavoro duro faccio il sosia al presidente
> ufficialmente
> finché lui me lo consente

quando sto solo viaggio al posto dell'autista
tornare a casa ogni sera è una conquista
di sinistra
internazionalista
una vittoria comunista
comunista
ma al derby no io non ci voglio andare
io interista nella fossa del leone
che campione
che campione
[...] Oggi il mio capo è stato in fretta convocato
e come sosia io mi sono presentato
ma non ho parlato
come ha affermato il magistrato
io dell'affare ve lo giuro non so niente
io faccio il sosia mica sono il presidente
ufficialmente
regolarmente
solo finché lui me lo consente
me lo consente
ma al derby no io non ci voglio andare
io interista nella fossa del leone
che campione
che campione

Sì, è proprio lui, Silvio Berlusconi, visto dal suo *Sosia* nell'album del 2003 CHE FANTASTICA STORIA È LA VITA. E ascoltando per due volte Venditti cantare l'aggettivo *comunista* viene spontaneo andare con la mente a *Comunisti al sole*, la canzone contenuta in DALLA PELLE AL CUORE (2007):

La Volvo è ancora là
è pronta per partire

idea di libertà
di una giornata al mare
chissà se partirà
se non si fermerà
ci vuole volontà
e determinazione
e combattività
per arrivare al mare
chi ti fermerà
verso la libertà
e nel tuo sogno cammini
su una spiaggia privata e non lo sai
chissà se te ne accorgerai
resta sempre uguale a come sei
un comunista al sole

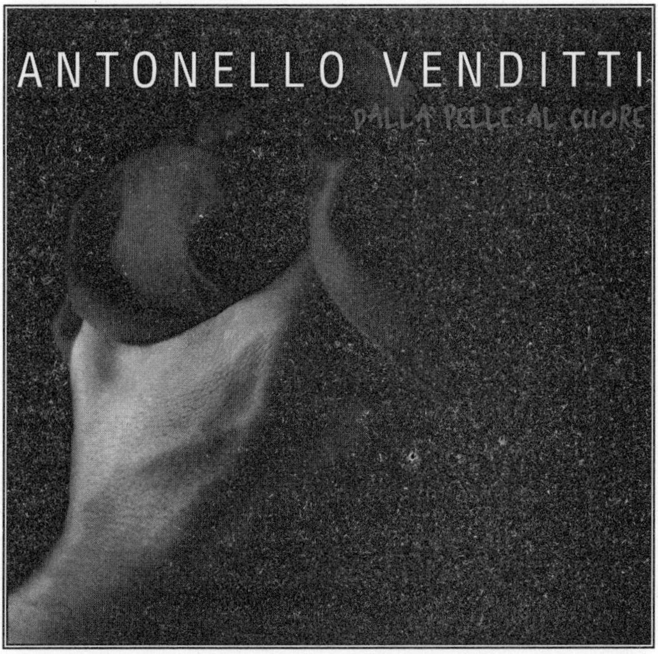

non cambiare tanto resterai
per sempre un sognatore
ma che golosità
questa giornata al mare
sublime voluttà
sentirsi un po' Briatore

Ohibò, Venditti che sembra Enzo Caffarelli di «Ciao 2001» che fa le pulci al Venditti che "riassume in sé le contraddizioni del cantautore italiano anni Settantacinque". Se a qualcuno sta girando la testa, sappia che non è il solo. Forse può aiutarci ritornare ai nostri giorni, quelli nei quali avevamo lasciato Antonello alle prese con la valanga di commenti seguiti al suo non improvvido, ma per molti sorprendente (in un senso e nell'altro, da sinistra e da destra o forse meglio da sopra e da sotto, da davanti e da dietro), "Benvenuto Beppe".

Sulla sua pagina Facebook, lo stesso 20 febbraio, un paio d'ore dopo la valanga, Antonello Venditti scrive:

> Cari amici, come è difficile farsi capire! Fate uno sforzo. *Sora Rosa, Campo de' fiori, Compagno di scuola, Lilly, Marta, Sara, Giulia, L'uomo falco, Nostra signora di Lourdes, Il telegiornale, Bomba o non bomba, Dolce Enrico, Penna a sfera, Sotto il segno dei pesci*… fino ad arrivare a *Che fantastica storia è la vita* e *Allora canta*… La mia idea di democrazia e di libertà vola sulle cose della vita e vive nella mia storia, nella mia mente e nel mio cuore e non ci sarà mai nessun partito o movimento che potrà contenerla. Sono e sarò sempre un compagno della mia vita e non pretendo che nessuno la condivida a priori. La canzone che ho tenuto fuori da questo lungo elenco è *Non ci sono anime*, perché è lo sviluppo in chiave spirituale di *Sotto il segno dei pesci* là dove parla di una vita che ancora non c'è.

Qui
non ci sono anime
come te e come me

che sognavano una vita che ancora non c'è
una vita per te e per me
puoi capirmi
puoi aiutarmi
e maledirmi
o perdonarmi
qui non ci sono anime
come te e come me
che sognavano una vita che ancora non c'è
anime che cercano per l'eternità
quell'attimo fuggente e libertà

Continua Venditti:

> Io non faccio politica, ma faccio umanità. Io non sono un politico, ma sono un uomo. Il mio è solo un "Benvenuto" a un movimento che si muove e riceve delle critiche molto simili a quelle delle quali sono stato oggetto in tutti questi anni, da destra e soprattutto da sinistra. Quindi "Benvenuto Beppe, ti sono molto vicino". Ma come dice Antonello [*questo dovrebbe essere un lapsus, a meno che Venditti non si volesse proporre come alternativa al segretario del Pd e candidato premier Pierluigi, N.d.A.*]: «Oh Ragassssssi non siamo mica venuti a smacchiare le bandiere rosse!». Non litigate troppo per me… ci sono abituato! Vi abbraccio tutti.

18. Le canzoni nel barattolo

Ho fatto un sogno, o forse era un incubo, oppure né l'uno né l'altro, ma una di quelle cose che si fanno a occhi aperti: in questa chiamiamola visione mi è comparsa Raffaella Carrà all'età di 116 anni (uno in più di quanti ha al momento in cui scrivo la donna più vecchia del mondo, la giapponese Misao Okawa, nata il 5 marzo 1898). La Raffa, caschetto biondo da capitolato appena rinfrescato da una propropronipote di Lina Vergottini e scintillante abito di scena rosso disegnato dal propropronipote di Luca Sabattelli, era seduta su un barattolo di vetro dalle dimensioni mai viste, stipato di note e lettere dell'alfabeto, e mi chiedeva in loop quante canzoni di Antonello Venditti contenesse il barattolo, proprio come a *Pronto, Raffaella?* pretendeva che il pubblico da casa indovinasse il numero dei fagioli.

Dopo essere riuscito a scacciare la fastidiosa visione, com'è come non'è, il 4 marzo 2013 mi sono ritrovato sulla pagina Facebook di Antonello Venditti, e mi è caduto l'occhio su uno stato: "Antonello Venditti ha creato un evento". L'evento s'intitola "8 marzo. Buon compleanno Antonello", e per festeggiare in un colpo solo il compleanno di Venditti e la Festa della donna vuole dare la possibilità di fare gli auguri al cantautore attraverso una videochiamata su Skype. Ma, attenzione, "solo una o uno di voi potrà farlo" e sarà la prima o il primo che, raccogliendo la sfida di Antonello, avrà dato la risposta esatta alla sua domanda: "Quante canzoni ho pubblicato nella mia storia discografica?". No, no, non ho partecipato; ho solo aspettato che scadessero i termini, e dopo le 12:00 dell'8 marzo mi sono messo in paziente attesa. Alle 12:13 Antonello scrive: "Sto arrivandooo", mentre alle 12:30 compare il link a un video. Guardiamolo insieme.

«Allora buongiorno e grazie di tutti gli auguri che mi avete fatto, del tutto immeritati. Il primo a non conoscere affatto le donne e a non riconoscerne i meriti sono io, che sono un disgraziato e un paravento [*e qui viene in aiuto ai non romani il vocabolario Treccani online: "forma eufemistica pop. per paraculo", N.d.A.*] come tutti gli uomini, grandissimo bugiardo»: fermiamoci qui, prima che Venditti decida magari di querelarsi, mettendo in mezzo qualche povero innocente, e veniamo all'oggetto del concorso.

Antonello solleva i suoi Ray-Ban, che sembrano più scuri e – se permettete – più paravento del solito, e legge nome e cognome del vincitore, che è poi una vincitrice, e del resto l'8 marzo non poteva probabilmente essere altrimenti. Se le generalità della competentissima fan non sono particolarmente interessanti e si possono quindi omettere in tutta tranquillità, interessa moltissimo il numero che segue a ruota: «Le canzoni erano, anzi sono, ma ne ho scritte già altre, 153 pubblicate. Non ci sono né antologie né cover né altre lingue, se no sono molte di più».

Ebbene, qui a seguire c'è la discografia completa di Antonello Venditti. Io me ne guardo bene dal farlo, non vorrei incappare in altre visioni, ma voi potete: contate le canzoni e sappiatemi dire se Antonello ha detto la verità, o se dietro il "paravento" c'è un "grandissimo bugiardo". Se così fosse, però, tenetelo per voi: ho appena fatto una ricerca in tutti i testi di Venditti, e – salvo errori, omissioni o l'impossibilità del software di leggere tra le righe – la parola "bugiardo" nel suo vocabolario proprio non esiste.

GLI ALBUM

THEORIUS CAMPUS (1972, It) con Francesco De Gregori
Ciao uomo / *Signora aquilone* (Francesco De Gregori) / *La cantina* / *È caduto l'inverno* / *Dolce signora che bruci* / *La casa del pazzo* (Francesco De Gregori) / *Vocazione 1 e ½* / *L'amore è come il tempo* / *In mezzo alla città* / *Roma capoccia* / *Little Snoring Willy* (Francesco De Gregori) / *Sora Rosa*

L'ORSO BRUNO (1973, It)
E li ponti so' soli / L'uomo di pane / L'ingresso della fabbrica / Lontana è Milano / L'orso bruno / Il mare di Jan / Dove / Sottopassaggio

LE COSE DELLA VITA (1973, Rca)
Mio padre ha un buco in gola / Mariù / Brucia Roma / Le cose della vita / E li ponti so' soli / Il treno delle sette / Stupida signora / Le tue mani su di me

QUANDO VERRÀ NATALE (1974, Rca)
A Cristo / Marta / Piazzale degli eroi / Ora che sono pioggia / Campo de' Fiori / Figli del domani / Quando verrà Natale

LILLY (1975, Rrca)
Lilly / L'amore non ha padroni / Santa Brigida / Attila e la stella / Compagno di scuola / Lo stambecco ferito / Penna a sfera

ULLÀLLA (1976, Rca)
Maria Maddalena / Nostra Signora di Lourdes / Canzone per Seveso / Una stupida e lurida storia d'amore / Jodi e la scimmietta / Strada / Per sempre giovane

SOTTO IL SEGNO DEI PESCI (1978, Philips Polygram)
Sotto il segno dei pesci / Francesco / Bomba o non bomba / Chen il cinese / Sara / Il telegiornale / Giulia / L'uomo falco

BUONA DOMENICA (1979, Philips Polygram)
Buona domenica / Stai con me / Robin / Scusa devo andare via (un'altra canzone) / Modena / Mezzanotte / Donna in bottiglia / Kriminal

SOTTO LA PIOGGIA (1982, Heinz Music)
Sotto la pioggia / Torino / Dimmelo tu cos'è / Fellini / Le ragazze di Monaco / Italia / Eleonora /
Stukas

CUORE (1984, Heinz Music)
Notte prima degli esami / Mai nessun video mai / Qui / Non è la cocaina… / Ci vorrebbe un amico / L'ottimista / Piero e Cinzia / Stella

TROPPO FORTE (1986, Heinz Music) colonna sonora del film *Troppo forte* di Carlo Verdone
Go-Go (Troppo forte) / Honky Donkey / Love Theme Pt. 1 / Strings Blues / Piero e Cinzia / Don'T Go Away / Love Theme Blues / RR Suspence / Non è la cocaine… / Love Theme Pt. 2 / Duel / Go-Go

VENDITTI E SEGRETI (1986, Heinz Music)
Peppino / Questa insostenibile leggerezza dell'essere / Giulio Cesare / Esterina / Segreti / Rocky, Rambo e Sting / Settembre / C'è un cuore che batte nel cuore

IN QUESTO MONDO DI LADRI (1988, Heinz Music/Ricordi)
Ricordati di me / Miraggi / Correndo correndo / Mitico amore / In questo mondo di ladri / Il compleanno di Cristina / 21 modi per dirti ti amo / Ma che bella giornata di sole

BENVENUTI IN PARADISO (1991, Heinz Music/Ricordi)
Benvenuti in Paradiso / Alta marea / Noi / Dolce Enrico / Amici mai / Dimmi che credi / In qualche parte del mondo / Raggio di Luna

PRENDILO TU QUESTO FRUTTO AMARO (1995, Heinz Music/Bmg)
Ogni volta / Tutti all'inferno / Vento selvaggio / Eroi minori / Prendilo tu questo frutto amaro /
Parla come baci / A che gioco giochi / 1000 figli

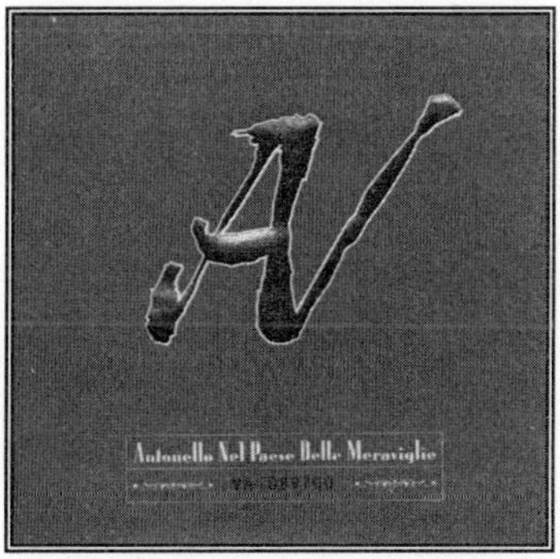

ANTONELLO NEL PAESE DELLE MERAVIGLIE (1997, Heinz Music/Ricordi) registrato con la Bulgarian Simphony Orchestra
Buona domenica / Ci vorrebbe un amico / Amici mai / Sara / Settembre / Benvenuti in Paradiso / Ho fatto un sogno (inedita) */ Le cose della vita / L'amore insegna agli uomini / In questo mondo di ladri / Campo de' Fiori / Ricordati di me*

GOODBYE NOVECENTO (1999, Heinz Music/Bmg Ricordi)
Goodbye Novecento / Shake / In questo mondo che non puoi capire / Che tesoro che sei / Fianco a fianco / Su questa nave chiamata musica / La coscienza di Zeman / Lula / V.A.S.T.

CHE FANTASTICA STORIA È LA VITA (2002, Heinz Music/Bmg Ricordi)
Che fantastica storia è la vita / Io e mio fratello (con Francesco De Gregori) */ Lacrime di pioggia / Non c'è male / Con che cuore / Estate rubino / Ruba / Il sosia / Che fantastica storia è la vita (long version)*

DALLA PELLE AL CUORE (2007, Heinz Music/Sony Bmg)
DALLA PELLE AL CUORE (*special edition* Cd + Dvd, 2008, Heinz Music/Sony Bmg)
Dalla pelle al cuore / Piove su Roma / Scatole vuote / Indimenticabile! / Giuda / Tradimento e perdono / La mia religione / Regali di Natale / Comunisti al sole

UNICA (2011, Heinz Music/Sony Bmg)
E allora canta! / Unica (Mio danno ed amore) / Oltre il confine / Ti ricordi il cielo / Forever / Come un vulcano / Cecilia / Non ci sono anime / La ragazza del lunedì (Silvio)

LE ANTOLOGIE E I LIVE

A MISURA D'UOMO (antologia, 1974 Rca-Lineatre)
Ciao uomo / Roma Capoccia / E li ponti so' soli / A Cristo / Campo de' Fiori / Mio padre ha un buco in gola / Le tue mani su di me / Marta

BOLOGNA 2 SETTEMBRE 1974 (doppio live, 1975 Rca, ristampato su Cd unico nel 2001)
Con Lucio Dalla, Francesco De Gregori e Maria Monti, è stato registrato il 2 settembre 1974 a Bologna e racchiude una parte del concerto effettuato dai quattro artisti al Festival nazionale dell'Unità.
Disco 1: *Abcdefg* (Lucio Dalla) / *Il Colonnello* (Lucio Dalla) / *Dolce amore del Bahia* (Francesco De Gregori) / *È fatto giorno* (Maria Monti) / *Launeddas* (Luca Balbo) / *Gli americani* (Maria Monti) / *Cercando un altro Egitto* (Francesco De Gregori) / *Il treno delle 7* (Antonello Venditti)
Disco 2: *Itaca* (Lucio Dalla) / *L'operaio Gerolamo* (Lucio Dalla) / *Buonanotte fratello* (Francesco De Gregori e Antonello Venditti) / *A Cristo* (Antonello Venditti) / *L'armatura* (Maria Monti) / *Roma capoccia* (Antonello Venditti) / *Parole incrociate* (Lucio Dalla)

CANZONE D'AUTORE (antologia, 1975, Rca)
Roma capoccia / Campo de' fiori / Compagno di scuola / Le tue mani su di me / Marta / Mio padre ha un buco in gola / Lilly / E li ponti so' soli / Le cose della vita / Quando verrà Natale / Una stupida e lurida storia d'amore / L'orso bruno / Roma Roma

CRONACHE (antologia, 1977, Rca-Lineatre)
Lilly / Le cose della vita / Compagno di scuola / Una stupida e lurida storia d'amore / L'orso bruno / Quando verrà Natale / Lontana è Milano / Maria Maddalena

CIRCO MASSIMO (live, 1983, Heinz Music) registrato al Circo Massimo il 15 maggio 1983.
Eleonora / Sara / Roma Capoccia / Roma Roma / Buona domenica / Dimmelo tu cos'è / Lilly / Grazie Roma (inedita) / *Bomba o non bomba / Circo Massimo*

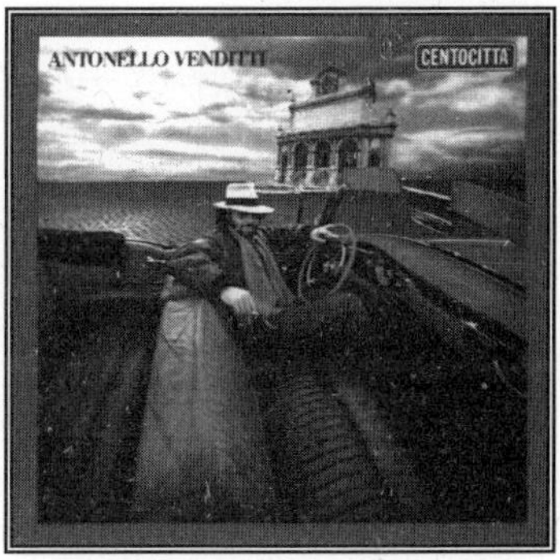

CENTOCITTÀ (doppio live, 1985, ristampato in unico Cd, Heinz Music) registrato al Circo Massimo.
Disco 1: *Centocittà* (inedito registrato in studio) / *Sotto il segno dei pesci / Giulia / Piero e Cinzia / Il treno delle sette / Le tue mani su di me / Le ragazze di Monaco / Stukas*
Disco 2: *Attila e la stella / Sora Rosa / Marta / Compagno di scuola / Le cose della vita / Campo de' Fiori / Penna a sfera / Ci vorrebbe un amico / Lo stambecco ferito* (strumentale)
Nell'edizione in Cd mancano *Stukas, Campo de' Fiori* e *Lo stambecco ferito.*

COMPAGNO DI SCUOLA (antologia, 1987 Bmg/Rca)
Le tue mani su di me / Per sempre giovane / Marta / L'amore non ha padroni / Una stupida e lurida storia d'amore / Attila e la stella / Le cose della vita / L'orso bruno / Lilly / Compagno di scuola / Quando verrà Natale / Penna a sfera

L'ALBUM DI ANTONELLO VENDITTI (antologia, triplo Lp, doppio Cd, 1988 Bmg/Rca-Lineatre)
Ciao uomo / La cantina / L'amore è come il tempo / Sora Rosa / Roma capoccia / L'uomo di pane / Lontana è Milano / Dove / L'orso bruno / Mio padre ha un buco in gola / Brucia Roma / Le cose della vita / E li ponti so' soli / Il treno delle sette / Le tue mani su di me / A Cristo / Marta / Campo de' Fiori / Quando verrà Natale / Lilly / Lo stambecco ferito / Compagno di scuola / Maria Maddalena / Canzone per Seveso / Una stupida e lurida storia d'amore / Jodi e la scimmietta

GLI ANNI 80 (antologia, 1990, Heinz Music/Ricordi)
Notte prima degli esami / Dimmelo tu cos'è / Qui / Ci vorrebbe un amico / Giulio Cesare / Peppino / Ricordati di me / Segreti / C'è un cuore che batte nel cuore / Settembre / Piero e Cinzia / Stella

IL DIARIO (antologia, 1991, Philips Polygram)
Sotto il segno dei pesci / Sara / Modena / Mezzanotte / Buona domenica / Stai con me / Lilly / Roma capoccia / Attila e la stella / Campo de' Fiori / Bomba o non bomba / Giulia

GLI ANNI 70 (antologia, 1992, Rca)
Roma capoccia / Mio padre ha un buco in gola / Le tue mani su di me / L'orso bruno / Le cose della vita / Marta / Quando verrà Natale / L'amore non ha padroni / Lilly / Compagno di scuola / Per sempre giovane / Una stupida e lurida storia d'amore / Sotto il segno dei pesci / Sara / Bomba o non bomba / Buona domenica

DA SAN SIRO A SAMARCANDA (L'AMORE INSEGNA AGLI UOMINI) (doppio live, 1992, Heinz Music/ Ricordi; Dvd Heinz Music/Bmg)

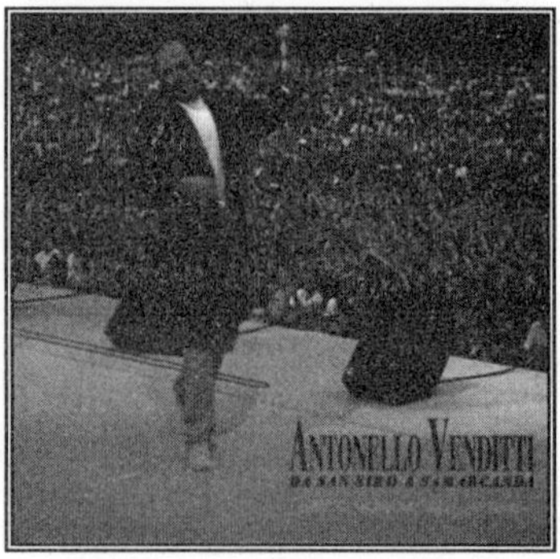

Disco 1: *Raggio di Luna / 21 modi per dirti ti amo / Peppino / Stella / Giulio Cesare / Questa insostenibile leggerezza dell'essere / Roma capoccia / Le cose della vita / Sara / Lo stambecco ferito / Ci vorrebbe un amico / Grazie Roma*
Disco 2: *Notte prima degli esami / Il compleanno di Cristina / Amici mai / Modena / Dolce Enrico / Benvenuti in Paradiso / Ricordati di me / In questo mondo di ladri / Alta marea / L'amore insegna agli uomini* (inedito)

I MITI – ANTONELLO VENDITTI (antologia, 1999, Mondadori/Heinz Music/Bmg Ricordi)
Roma capoccia / Compagno di scuola / Lilly / Sotto il segno dei pesci / Modena / Notte prima degli esami / Stella / Ci vorrebbe un amico / In questo mondo di ladri / Ricordati di me

SE L'AMORE È AMORE (antologia, 2000, Heinz Music/Bmg Ricordi)
Mitico amore / Che tesoro che sei / Ci vorrebbe un amico / Le tue mani su di me / Ogni volta / C'è un cuore che batte nel cuore / Notte prima degli esami / Dimmelo tu cos'è / Una stupida e lurida storia d'amore / Alta marea / Vento selvaggio / Ricordati di me / Qui / Amici mai / V.A.S.T. / In qualche parte del mondo

CIRCO MASSIMO 2001 (live, 2001, Heinz Music/Bmg Ricordi)
Modena / Su questa nave chiamata musica / Shake / C'è un cuore che batte nel cuore / Il compleanno di Cristina / Stella / 21 modi per dirti ti amo / Grande raccordo anulare (Corrado Guzzanti) */ Notte prima degli esami / Ci vorrebbe un amico / Alta marea / Roma capoccia / Roma Roma / Grazie Roma / Che c'è* (inedita)

IL CORAGGIO E L'AMORE (SE L'AMORE È AMORE VOL. 2) (antologia, 2002, Heinz Music/Bmg Ricordi)
L'amore insegna agli uomini / Sara / Segreti / Lula / Questa insostenibile leggerezza dell'essere / Le cose della vita / Benvenuti in Paradiso / Il compleanno

di Cristina / Miraggi / Giulia / Peppino / Raggio di Luna / Piero e Cinzia / Lilly / Settembre / 21 modi per dirti ti amo / Dimmi che credi / Stella

CAMPUS LIVE (live + Dvd, 2004, Heinz Music/Bmg Ricordi)
Che fantastica storia è la vita / Qui / Ruba / Piero e Cinzia / 21 modi per dirti ti amo / Roma capoccia / Sotto il segno dei pesci / Alta marea / Notte prima degli esami / Amici mai / Lacrime di pioggia / Il compleanno di Cristina / In questo mondo di ladri / Ci vorrebbe un amico / Addio mia bella addio (inedito registrato in studio)
Nel Dvd le tracce sono 12: *Campus Live / Dialogue / Che fantastica storia è la vita / Piero e Cinzia / Ci vorrebbe un amico / Buona domenica / Sotto il segno dei pesci / Il compleanno di Cristina / Notte prima degli esami / Sara / Peppino / Qui*

DIAMANTI (antologia in tre Cd, 2006, Rca Records Label/Sony Bmg)
Disco 1: *Alta marea / Che fantastica storia è la vita / Ci vorrebbe un amico / 21 modi per dirti ti amo / Amici mai / Piero e Cinzia / Settembre / Questa insostenibile leggerezza dell'essere / Qui / Le tue mani su di me / Una stupida e lurida storia d'amore / Lo stambecco ferito / C'è un cuore che batte nel cuore / Giulia / Sotto il segno dei pesci / Roma capoccia*
Disco 2: *Ogni volta / Giulio Cesare / Benvenuti in Paradiso / Stella / Lacrime di pioggia / Sora Rosa / Dimmelo tu cos'è / Raggio di Luna / Il compleanno di Cristina / Le cose della vita / Compagno di scuola / Miraggi / Modena / Bomba o non bomba / Roma Roma*
Disco 3: *In questo mondo di ladri / Mitico amore / Ricordati di me / Notte prima degli esami / Peppino / Segreti / Che tesoro che sei / Centocittà / Le ragazze di Monaco / Lilly / Mio padre ha un buco in gola / Sara / Buona domenica / Grazie Roma / L'amore insegna agli uomini*

DIAMANTI (antologia, versione *light* in un unico Cd, 2007, Rca Records Label/Sony Bmg)
Alta marea / Che fantastica storia è la vita / Ci vorrebbe un amico /

Amici mai / Giulio Cesare / Ogni volta / Benvenuti in Paradiso / Le cose della vita / Che tesoro che sei / Sora Rosa / Dimmelo tu cos'è / Ricordati di me / Notte prima degli esami / In questo mondo di ladri / Roma capoccia / Grazie Roma

LE DONNE (antologia, doppio Cd, 2009, Heinz Music/Sony Bmg)
Disco 1: *Dalla pelle al cuore / Alta marea / Ci vorrebbe un amico / Amici mai / 21 modi per dirti ti amo / Sara / Piero e Cinzia / Settembre / Le tue mani su di me / Mitico amore / Ricordati di me / Scatole vuote / Con che cuore / Giulia / Dimmelo tu cos'è / Una stupida e lurida storia d'amore / Regali di Natale / Buona domenica*
Disco 2: *Notte prima degli esami / Indimenticabile! / Sotto il segno dei pesci / Il compleanno di Cristina / Ogni volta / Miraggi / Lula / Che tesoro che sei / Donna in bottiglia / Sora Rosa / Le ragazze di Monaco / Lilly / Piove su Roma / Le cose della vita*

TUTTOVENDITTI (antologia, triplo Cd, 2012, Heinz Music/Sony Music Entertainment Italy)
Disco 1: *Unica (Mio danno ed amore) / Ci vorrebbe un amico / 21 modi per dirti ti amo / Indimenticabile! / Amici mai / Piero e Cinzia / Che fantastica storia è la vita / Settembre / Questa insostenibile leggerezza dell'essere / Qui / Alta marea / Le tue mani su di me / Giulia / Sotto il segno dei pesci / Roma capoccia*
Disco 2: *Dalla pelle al cuore / Stella / Ti ricordi il cielo / Ogni volta / Giulio Cesare / Dimmelo tu cos'è / Raggio di Luna / Benvenuti in Paradiso / Il compleanno di Cristina / Le cose della vita / Compagno di scuola / Miraggi / Modena / Bomba o non bomba / Roma Roma*
Disco 3: *Notte prima degli esami / In questo mondo di ladri / Mitico amore / Ricordati di me / Forever / Peppino / Segreti / Che tesoro che sei / Regali di Natale / Oltre il confine / Lilly / Sara / Buona domenica / Grazie Roma / L'amore insegna agli uomini*

I SINGOLI

Ciao uomo / Roma capoccia (1972, It)
L'orso bruno / E li ponti so' soli (1973, It)
Le tue mani su di me / Le cose della vita (1973, Rca)
Ciao uomo / Roma capoccia (1974, Rca, ristampa del 45 giri It)
L'orso bruno / E li ponti so' soli (1974, Rca, ristampa del 45 giri It)
Marta / Campo de' Fiori (1974, Rca)
Roma (non si discute, si ama) / Derby (Pyrol's Band) (1975, Rca)
Lilly / Compagno di scuola (1975, Rca)
Lilly / Marta (1976, Rca Victor, pubblicato in Spagna)
Maria Maddalena / Una stupida e lurida storia d'amore (1976, Rca)
Sotto il segno dei pesci / Sara (1978, Philips)
Sotto il segno dei pesci / Sara (1978, Philips, pubblicato in Germania)
Bomba o non bomba / Giulia (1978, Philips)
Buona domenica / Mezzanotte (1979, Philips)
Otro domingo mas / Mezzanotte (1979, Philips, pubblicato in Spagna)
Robin / Stai con me (1979, Philips)
Sotto la pioggia / Dimmelo tu cos'è (1982, Heinz Music)
Grazie Roma / Roma capoccia (1983, Heinz Music)
Ci vorrebbe un amico / Notte prima degli esami (1984, Heinz Music)

P.S. Butto lì con nonchalance un dato: non ha niente a che vedere con l'Arte, o meglio, non sempre ha a che vedere con l'Arte. Grazie alle canzoni di cui sopra, tra vinili, musicassette, Stereo 8 e Cd, si stima che Antonello Venditti abbia venduto in quarant'anni di carriera – o se preferite (lui non credo che preferirebbe...) "quarant'anni di onesta professione", per citare *Compagno di scuola* – qualcosa come trenta milioni di dischi. Come diceva quel tale, "scusate se è poco".

Venditti nella Rete

Prendiamone atto: un libro come questo non si sarebbe potuto scrivere senza Internet; senza Internet se ne sarebbe potuto scrivere un altro: peggiore, migliore o così così (senza Internet forse avrei impiegato meglio il tempo dedicato alla ricerca, e me ne sarebbe rimasto di più per la scrittura, ma è giustappunto un forse, non un assunto).

Fatta questa doverosa premessa, è il caso di citare – a mo' di ringraziamento, ma anche perché un libro è "finito", mentre la Rete, volendo, può essere "infinita" – le principali fonti vendittiane sul web.

Comincio con la voce dedicata ad Antonello Venditti da Wikipedia: dall'indirizzo it.wikipedia.org/wiki/Antonello_Venditti potete prendere le mosse per un viaggio "nel Paese delle Meraviglie", "in questo mondo di ladri", "sotto la pioggia" o dove volete voi.

Continuo con la pagina ufficiale di Antonello Venditti sull'inevitabile, inesorabile, implacabile Facebook: www.facebook.com/AntonelloVendittiUfficiale è un buco della serratura che può diventare un portone attraverso il quale spiare senza essere visti l'interazione (si dice così, no?) di Antonello con i suoi fan e dei suoi fan con Antonello; penso e spero di averne fatto buon uso, in caso contrario ci sarà un ban (che non è la "moneta divisionale romena") nel mio destino.

Dopo aver ricordato il sito ufficiale di Venditti, www.antonellovenditti.it, dove almeno si possono leggere tutti i testi con (qualche) garanzia di autenticità, concludo con l'imprescindibile sito di un appassionato, Stefano Latini: il suo www.solegemello.net/venditti.htm è quanto di più compiutamente caotico si possa trovare sul web a proposito di Antonello. Se però siete romanisti come Venditti, tenete presente che Stefano è juventino.

I ringraziamenti

In rigoroso ordine alfabetico, vorrei ringraziare tre persone senza le quali questo libro sarebbe stato meno ricco e documentato (sempre che lo sia, l'Ufficio reclami è aperto 24 ore su 24 all'indirizzo ivano.rebustini@tin.it): Pier Maria Bologna per la disponibilità con la quale è tornato ventenne (e a momenti mi avrebbe cantato a cappella da Budapest, via Skype, la sua *Biciclette, fiori e nuvole*); Carlo Massarini per la professionalità, l'eleganza con cui dice «paraculo» e perché fa sempre piacere ritrovare i miti della propria adolescenza; Gianluca Testani per gli incoraggiamenti, la pazienza, la pazienza e la pazienza.

Un ringraziamento speciale, per finire, a Mao58: senza di lui, sarebbe stata tutta un'altra musica.

Stampa
Puntoweb srl
Via Variante di Cancelliera, snc – Ariccia (Rm)
per conto di Lit Edizioni srl
Largo Giacomo Matteotti 1
Castel Gandolfo (Rm)